Reflexos d'Alma

Ficha técnica

Título: Reflexos d'Alma

Autor: António Almas

Edição: Edição Própria de António J. F. Almas

Apartado 111

7160-999 EC Vila Viçosa

edicao.propria@gmail.com

Design e Paginação: António Almas

Impressão: P.O.D.

ISBN: 978-989-96808-0-7

Depósito Legal: 313029/10

Vila Viçosa, Julho de 2010

Prefácio

Reflexos de luz, sensações que se desdobram em múltiplas emoções, ecos de saudades não sentidas, de sonhos não sonhados. A alma é um lugar difuso onde habitam as mais secretas personagens, lugares que nascem da imaginação do autor e se propagam nas frases que ao som da poesia se entregam na prosa que aqui se escreve.

Estes mundos ficcionados são a imagem de alma que no espelho se reflectem se dissolvem e se sentem, entendendo a linguagem pura da natureza, do amor e dos sentidos. Percorrer estes caminhos em pequenos traços, suaves textos que transportam a sensualidade dos desejos.

Ficamos aqui, neste mundo azul, onde a alma é o nosso único sol.

Janeiro de 2010

No silêncio da noite

É no silêncio da noite que me deixo adormecer em pensamentos perdidos num lugar qualquer. Aqui, entre pequenas estrelas e grandes vazios, os meus pensamentos flutuam como penas nas asas dos ventos que sopram de sul.

Deixo-me ficar, escutando, cada palavra não pronunciada, cada letra não escrita, procurando tão-somente, perceber para onde querem ir, e onde querem levar-me. Só, nesta travessia sem gente onde a multidão se comprime, num espaço vazio, procuro encontrar-me dentro deste nada que sou.

Ceifado, como o trigo, deixo-me cair, sobre o manto das estrelas que a noite escura e fria, estende sobre mim, sentindo-me perdido pelos espaço infinito num abraço universal que me faz esquecer as origens e me leva para lá de todos os limites, no silêncio da noite.

Adormecer selvagem

Entrego nos braços da noite o corpo exausto. Liberto a alma, selvagem, na escuridão que me envolve. Na companhia das estrelas, galopo pelos prados adormecidos, sentindo a cada passo, o crepitar do gelo que cede à minha passagem. Sigo, em direcção a lado nenhum, numa ânsia de libertação do fogo que me consome por dentro.

Procuro, nesta caminhada apressada, o corpo perdido numa cama qualquer. Sinto, o vazio da minha própria ausência, derramar-se sobre os meus sentidos. A noite, escura e fria, não consegue conter em mim a força que emana do meu espírito.

Deixo-me perder por aí, até que o dia me amanheça e me leve de volta ao corpo despido, que repousa numa cama qualquer.

Gotas de maresia

A noite carrega consigo a maresia, gotas que se condensam no meu corpo, que me lavam o espírito. No escuro, sinto a presença do vazio, o abraço apertado da ausência, e a dor da mágoa que me invade como estas gotas de água límpida.

Não entendo a solidão, não compreendo esta necessidade de fechar-me em mim. Apenas sinto que preciso de fugir, de estar ausente, de sufocar-me por um instante, para renascer num espasmo, no segundo seguinte.

Na escuridão da noite, desperto um ser diverso, acordo para um mundo de sombras, de vazios e silêncios que não procuro, mas de que necessito. Na noite, fria, e pálida, os rasgos de luz, são espadas cravadas no peito, são fios de esperança que varam todo o vazio numa ligação entre o dia, e a minha noite.

Flor da noite

Caminho, descalço sobre o prado. A luz da Lua ilumina-me o caminho, está intensa, branca e imaculada. Uma flor, confundida com tão estranha luminosidade, desabrocha ali mesmo à minha frente. A flor da noite, branca, pálida, mas bela como tantas outras

flores, desabrochou, enfeitiçada por este luar de prata, numa magia da natureza, ou, simplesmente, num gesto de sensibilidade.
Sentei-me a seu lado, e ali me deixei ficar, juntamente com ela, contemplando o luar. Os nossos corpos brancos, projectavam sombras, sobre as sombras da noite, brilhávamos, e sonhávamos com um passeio por entre as estrelas que acompanhavam a Lua no seu lento percurso sobre o céu escuro da noite.

Despertar

Depois de abandonado sobre a cama, o corpo, dorido de um dia intenso, repousa sobre a seda dos lençóis. A alma, esvoaça para longe, envolta em sonhos e quimeras, deixando-o ali, abandonado, perdido, vazio de vida.
Sobre o céu escuro da minha noite, as estrelas são sinais que me guiam nesta viagem distante a lado nenhum. Esta alma desprovida de sentidos, segue o caminho infinito da noite escura, procurando-se a cada estrela, descobrindo-se em cada galáxia, para que possa regressar e ter fôlego para fazer o corpo que a perdeu, caminhar pela estrada da vida.
Depois dos sonhos, o raiar do dia, chama-me de volta, o corpo, gelado, inanimado, espera-me, com a saudade que o vazio lhe deixou. Regresso, para um despertar novo, que o dia, dissolvendo a noite, voltará a fustigar, deixando-o exausto, no final de mais um dia.

Espaço de solidão

Sento-me, na beira deste limite entre a Terra e o Mar, quero partilhar com ambos a minha solidão, a minha vontade de ficar só. No limiar do momento, deixo atrás tudo o que ganhei, olho o infinito sem ver o que vem, vivo apenas o prazer deste momento em que me deixo envolver pelo silêncio.

Absorvo todos os sons que o horizonte me trás, sinto, o toque da água fria deste mar que me afaga os pés, deixo que o espaço me devore na solidão deste instante, em que o dia adormece nos braços da minha noite.

Deixo que os pensamentos resvalem para este oceano que à minha frente se agiganta, afogando-se no sal desta água pura. Espero, libertar-me aqui, na beira deste abismo, deste corpo velho e usado, e ganhar asas para voar de novo, numa liberdade há muito conquistada.

Aqui sentado, espero que a noite me abrace num prolongado momento de solidão.

Tempestade

Noite, longa e escura, fria e triste. Abraça-me, envolve-me, absorve de mim a energia do relâmpago, escuta o grito do meu trovão, e deixa-me, inerte, sobre o chão deste bosque, junto com as folhas mortas.

Aqui, deitado no solo, húmido, olho o céu que se risca com a força da tempestade, sinto a força da chuva que cai sobre mim, e sinto o

cheiro da terra molhada. As forças que me ceifaste deixaram o meu corpo vazio, apenas o espírito sente, apenas a alma sobrevive à tormenta que me rodeia.
A cada raio a noite, faz-se dia e as árvores fazem sombra sobre a minha vida. Deixo-me estar, abandonado à sorte de um destino há muito traçado, esperando pelo momento em que a carne se dilacere e a alma seja chamada para a eternidade.
Espero, enquanto a tempestade se abate sobre mim.

Renascer

Adormeço sobre as sombras da noite. O meu corpo dissolve-se no silêncio, enquanto o espírito se evapora com a alma. No teu âmago, renasço a cada alvorada, como um homem novo, vazio.
Acordo num mundo novo, onde a noite é companheira dos sonhos, onde o amanhecer não dói, apenas trás luz às sombras, e nos desperta com o chilrear dos pássaros.
Os despojos, deixados atrás, são arrastados como cinzas, pelo vento norte, espalhando-se por toda a envolvente. A chuva que caiu, lavou o chão despido, levando para longe as recordações, ficando apenas a memória de um tempo que se esgotou.
A nova criação, abre os olhos para a luz da madrugada que ganha terreno à escuridão da noite, inspira profundamente, e faz-se à vida.

Amante

Noite, amante eterna, que me envolves num abraço de sombras, que me afagas o rosto com a brisa do vento norte, sinto-te chegar com o fim do dia.
Amas-me com a intensidade da tempestade de Inverno, acaricias-me com a suavidade da brisa de Primavera. Neste momento perdido, sem tempo, o calor duma noite de verão, entranha-se no meu corpo, o teu, despido de estrelas, desce sobre mim, invadindo-me a alma com um silêncio calmo e tranquilo.
Deitado, sobre este manto de escuridão, iluminas-me com o brilho das estrelas que nascem no teu olhar, o teu sorriso, feito de luar, toca suavemente os meus lábios, matando-me a sede que a solidão de um dia me impôs.
Exausto já, desde jogo de sedução, adormeces-me nos braços da escuridão, levando-me numa viagem de sonhos, para o mundo da ilusão. Neste voo infinito, sem asas, sigo-te preso no perfume dos teus cabelos feitos de caudas de cometas, para lá do fim do Universo, onde a realidade termina e a fantasia começa...

Esperar

Na longa noite da vida, parei na berma do caminho e deixei-me ficar. O meu tempo seguiu em frente, e eu, simplesmente, parei. Fiquei a observar, as outras vidas que passavam, vi-vos passar a todos, escutei conversas, senti a desilusão dos vossos maiores fracassos. Sonhei com todos os vossos maiores sonhos. Vi-vos partir, tão rápido como chegáreis, e deixei-me ficar, parado, sentindo o vento passar, perdido do meu tempo, sem tempo algum onde me encontrar.

Nos momentos de solidão, enquanto naquela estrada não passava vida nenhuma, pensei em tudo o que vivi até ali, sonhei com o que teria vivido se seguisse o meu tempo, meditei sobre as decisões que tomei.

Aprendi, com cada vida que passou, colhi para mim pedaços das vossas histórias, e com o passar do tempo, os meus pés criaram raízes, os meus braços folhagem, o meu corpo, entumecido, endureceu.

Hoje, sou apenas uma árvore, na berma da estrada da vossa vida.

Gotas de orvalho

Noite! Não vejo as tuas estrelas salpicar-te de luz. Não encontro a tua Lua, farol que me guia através da escuridão. Noite! Escura e fria, porque me deixaste aqui ficar? No meio do nada, envolto neste silêncio ensurdecedor.

Noite! Entrego em ti o meu corpo desnudo, abandonado sobre a terra, na esperança que um pássaro esvoace sobre ele e lhe colha a alma, levando-me para longe daqui, sobre o oceano tranquilo, numa viagem para além das nuvens.

O meu corpo, vazio, coberto de gotas de orvalho, desperta da dormência da noite para o fim da escuridão, no horizonte o dia, suavemente quer rasgar-te, noite, triste, que hoje me ocultaste a luz, me gelaste a alma e me deixaste morrer envolto num silêncio oco.

Espero encontrar-te de novo, uma noite diferente, onde as estrelas me iluminem os passos e a Lua me guie até aos sonhos que sempre acalentamos juntos, envoltos num abraço, num sono tranquilo.

Gotas de cristal

Gotas de cristal, lágrimas perdidas na noite. Pétalas despidas duma flor qualquer. Sentidos esvaídos, exprimidos, contidos apenas na essência de um instante feito de água, com sal mesclada.
Hoje, quero evaporar-me contigo, mudar de forma, esquecer-me de toda e qualquer norma, ser apenas ar, volátil, vazio, e nada mais. Quero subir, unir-me às nuvens que cobrem as tuas estrelas, tornar-me tormenta, condensar-me de novo. Purificado, quero cair, em direcção à terra, para novamente me perder, sobre um telhado, uma flor, ou simplesmente, uma estrada negra, um caminho que me leva de volta a lugar nenhum.
De regresso, ao mar revolto, através da doçura dum ribeiro qualquer, volto a salgar-me como as lágrimas que te escorrem pela face, nesta noite escura em que a minha alma não iluminou o teu caminhar.

Embalar

Noite, que me abraças, que me embalas, num sono cheio de sonhos. Que me levas para além do infinito, num só sopro de fantasia. Deixa-me dormir, esta noite, em teus braços, envolto pelo cetim escuro da tua cor. Quero descansar tranquilo, sem nada em que pensar, ficar quieto, perdido sem me encontrar.

Noite, deixa-me ficar, no silêncio do teu olhar, inerte e plácido, como a luz das tuas estrelas, que a imensidão não consegue devorar. Quero desfalecer, perder o ritmo ofegante da vida, expirar o último fôlego, e voar. Perder-me dos sentidos, afogar os sentimentos, e ser simplesmente energia que flutua em direcção aos astros.

Noite, fica, aqui comigo, nem que seja apenas e só, esta noite!

Beleza nua

Beleza nua, paisagem tua, que meu olhos devoram. Pureza tua, alma nua, que os meus sentidos adoram. Escondida sob a penumbra da seda, danças em minha frente, ondulante como a brisa do vento, encontro-te com o olhar de quem desenha traços suaves sobre o teu corpo de cetim. Imagino, os sentimentos que se escondem por detrás dessa cortina que te cobre, mas, simultaneamente te despe, num gesto de magia que envolve este momento, em que sentado te observo, e te vejo balançar ao ritmo da música suave.

Imagem perdida no negro desta noite, que só a ti ilumina, suavidade no contorno dos teus braços que o carvão imprime sobre a tela,

numa paisagem inebriante que me turva a mente.
Apenas tu, podes fazer brilhar o poder da criação, que num instante faz um homem qualquer perceber a eternidade.

Difuso

Pairo, sobre mim, numa convulsão difusa, perturbada, pela tua presença. Beleza que transborda de teu corpo, e me invade a alma, confunde o espírito e aguça a libido.
Perco-me, na contemplação do teu traço suave, sobre as rectas contorcidas do teu corpo, fantástica criação divina, Deusa, Musa, ou meramente mortal.
Fico, aqui, entre a sombra e a claridade, neste momento de penumbra, onde te olho por entre a noite, neste crepúsculo que torna o instante puramente imaculado.
Sublimo a pureza do ser, nascido do nada, concebido, trabalhado pelas mãos do Criador, em ti, feito mulher, que em mim despertas o desejo de te possuir, ainda que só com um olhar, turvo, difuso.

Contornos

As sombras da noite adormecida, contornam suavemente os traços curvos do teu ser. Contemplo, na aurora deste amanhecer a ternura dos teus movimentos. Sinto no ar o perfume da tua pele, que o renova, como um filtro purificador.
Aqui, imerso em silêncios contidos, espero o toque do teu corpo

sobre a minha pele, quero despertar, acordar desta noite que morre a cada segundo que passa, quero renascer com a luz do teu dia, percorrendo cada milímetro do teu corpo, num nascer do sol, entre os teus seios erectos.
O dia cresce em simultâneo com o prazer que os nossos corpos, colados, se dão, num abraço apertado. As bocas, imersas em beijos lânguidos, soltam pequenos gemidos que não conseguimos absorver quando as almas se perdem no infinito deste momento único, em que te tenho, em que me tens.
Finalmente o dia, queima a cútis já humedecida pelos movimentos da luxúria. O Sol, alto no firmamento apagou todos os vestígios desta noite em que adormeceste nos meus braços, e eu despertei sobre os teus.

Distante

Longe do meu mundo, encaro a solidão como um acto de purificação, na minha mente, a imagem de um outro tu forma-se com a ausência do teu corpo. Neste lugar onde nem a minha língua posso escrever, limito-me a deixar voar a alma, procurando encontrar-te nas asas daquele pássaro que cruza o céu azul deste paraíso perdido no oceano.
Nas aguas límpidas, mergulho, procurando a pérola da tua alma, perdida entre os corais e os peixes multicolores que neles habitam.
Hoje, nesta solidão que magoa e desgasta, sinto o quanto importante e a tua presença. Só a noite, cujas estrelas trocaram de lugar, me conforta, com o final de mais um dia, trazendo para mais

perto o momento em que o meu corpo se colara no teu num abraço permanente.

Abandono-me ao pensar e deixo as ondas e o sol levar-me através da eternidade num instante de ternura em que a tua alma me vem visitar, aqui, onde o mundo termina na linha do horizonte.

Cor canela

A tua pele cor de canela, os teus olhos escuros como a noite, os teus cabelos, ondulados como o mar, deixou em mim, um pedaço da tua alma. Perdi-me no teu olhar intenso, encantei-me na suavidade da tua voz, vi-te chegar nos contornos suaves de um corpo macio que abracei numa dança infindável.

Na magia daquele encontro fortuito, uma casualidade que o universo me quis brindar, cheguei entre muitos, para me fazer notar no brilho dos teus olhos. Entreguei-me à candura dos teus lábios doces de mel, e ao abraço perfumado de um corpo fresco entre a intensidade dum sentido louco e quente.

Depois, parti, para o outro lado do mundo, trazendo-te comigo na alma, não sei o que ficou de mim lá, sei apenas que não vim completo. Não sei quanto de ti veio comigo para esta viagem fora de tempo, que será eterna.

Este momento no tempo, este cruzar de sensações, uma ferida aberta que não fechará jamais, porque jamais poderei voltar a tocar-te, minha pele canela, meu aroma quente, ou como simplesmente te chamei, meu "cielito lindo".

Encontro-te

Encontro-te, em cada mulher, em cada toque, sobre a pele de um corpo qualquer. Não importa a forma, a cor, ou os traços, tomas um ser qualquer, aproximas-te, e entregas-te num olhar profundo e intenso a mim. Sigo-te, pela vida fora, de corpo em corpo, de mulher em mulher, passas, e fazes-me seguir-te, possuis-me e depois deixas-me à deriva.

Procuro-te, em cada olhar, em cada palavra, em cada sorriso, cruzando-me vezes sem conta com corpos de mulheres, tentando descobrir-te num deles. Por vezes fazes-me sentir perdido na escuridão da noite, ou, no meio da multidão, acreditando que não existe, que és apenas fruto da minha imaginação. Mas, num instante, num qualquer lugar do mundo, na situação mais casual, apoderas-te de um corpo, e lanças-me aquele olhar, murmuras-me palavras que só eu consigo entender, e, nesse momento, vejo-te, para lá daquele corpo, sinto-te a alma que conheço para lá da eternidade, e corro, ganhando novo fôlego, pela vida fora, esperando conseguir alcançar-te.

Entre a noite e o dia

Espero, a eterna alternância entre a noite e o dia, entre a claridade e a escuridão, entre a realidade e a fantasia. Balanço, por entre pêndulos, procurando a nostalgia dos tempos que passam como estrelas cadentes, em direcção à escuridão no espaço. Pequenos rasgos de luz que cortam como sabres a noite, fria e só.

Nesta guerra permanente, entre a luz e a tua ausência, deixo-me enfeitiçar pelo negro olhar que me dedicaste, num instante em que os nossos mundos se roçaram, partindo depois em direcções opostas, tu, irradiando beleza, rumo à claridade, eu, fechado na saudade do momento, voando na noite escura.

Longe, na longa noite da vida, projecto no céu o instante em que o teu olhar se prendeu no meu, em que o teu sorriso abraçou o meu corpo, em que a tua voz tocou a minha alma, para sempre.

Perdido

Perdido, no imenso mar azul, voo, solitário sob o céu que se atormenta à minha volta, procuro-te, procuro encontrar-me naquele olhar profundo, negro e brilhante que um dia se cruzou com o meu.

Perdi-me nas lágrimas contidas na noite dos teus olhos, senti-te, em cada pedaço do teu corpo, percorrido por meus dedos sedentos, encontrei-te a alma, num beijo doce, suave e longo, em que a pele se abraça, e os olhares semicerrados se entrecruzam, numa dança em silêncio dos corpos que se desejam e não se possuem.

Rasgo o céu, cada vez mais escuro, sinto a bravura do mar salgado, com as lágrimas da tua distância, banhar-me de maresia o peito aberto. Sinto-me tremer, não sei se pela incerteza dos sentidos, se pelo frio que a tempestade aporta.

Não quero querer, que apenas um instante tenha encerrado toda uma eternidade dentro de um olhar, mas sinto, que desabrochou em mim, um novo homem, que cresce, na solidão desta imensidão que nos separa, no silêncio das palavras que imagina e não pronuncia. Talvez seja apenas mais um sonho, talvez, seja apenas mais um momento... de solidão.

Estrela fugaz

Passamos, sobre o momento, ao fim de um dia quente, ficámos, trocamos palavras, os olhares fundiram-se, as vozes dançaram. O tempo parou, a cidade deixou de existir, em redor ninguém mais se escutou, fez-se silêncio em redor de nós.
Ficamos, presos um ao outro, naquele instante, eu risquei a tua noite, como uma estrela que cai, em direcção ao infinito, uma estrela fugaz, disseste tu. Deixamo-nos estar, esperamos que a eternidade chegasse para nos levar. Olhamo-nos, escutamo-nos, sentimo-nos, as emoções baralham-nos a mente, e a alma fica perdida em dissertações.
Eu parti, tu deixaste-me seguir, levei em mim pedaços de uma outra vida, a tua, deixei, espalhado por ali, pedaços de mim, para que pudesses encontrar-me. Disse-te que o tempo se encarregaria de apurar os sentidos, solidificar as ausências e descobrir as necessidades. Este segundo fugaz em que o meu mundo se fundiu no teu agitou todo o universo, alterando-lhe o rumo.
Estou aqui, sentado à minha mesa, em frente deste ecrã de computador, que teima em mostrar a tua imagem, mesmo quando não olho para ele, os meus dedos, esvaziam-me a alma a cada tecla pressionada, espero, ouvir-te, sentir-te, aqui, detrás de mim, sussurrando-me que sentes a minha falta, como uma melodia

suave, que toca baixinho...

Naufrago

Morri, sobre a areia da praia, esperando que viesses salvar-me do resto do mundo. Perdi as minhas forças no último sopro da brisa do mar. Deixei o meu corpo ficar, e a minha alma voar.

A noite chegou, e ali me encontrou, coberto pela areia que o vento soprou sobre mim, vazio, só.

Esperei por ti, a cada segundo, em cada instante, sonhei-te, desejei a tua boca, procurei tocar-te na areia da praia, tentei sentir-te na água do mar. Mas não vieste, e eu adormeci, no sono eterno de um final de tarde, de um final de vida.

Era madrugada quando chegaste e apenas o que restava de mim havia ficado, tocaste a pele inanimada, mortificada, sem vida. Chamaste-me e eu não respondi, porque a minha essência havia partido, desejando ficar.

Naufraguei, quando esperava ser salvo, morri quando me preparava para viver, abandonei-me quando esperava que me encontrasses.

Vergar

Vergar, sobre o peso do tempo, fazendo os braços cansados tocar o chão, deixando as pernas pesadas, cravadas no solo. Dobro-me, fazendo vénia, ao sabor dos ventos, ao seguir dos tempos. Vejo a minha sombra contornar-me, ao ritmo dos dias que passam, sinto a

pele estalar, o corpo curvar, a alma mudar.
Sinto a solidão das noites longas, que me envolvem e me gelam. Nem mesmo as estrelas, que pontilham o firmamento, me dão qualquer alento. Deixo-me estar, porque também não tenho para onde ir, esforço-me por não cair. Mas o corpo teima em não aguentar a força desta gravidade que me empurra contra a terra, tento, mas não consigo ganhar esta guerra.
Depois, perdi o norte, a alma não sabe onde ficou, e não me encontra. Não quero afastar-me, não quero perder-me dela para sempre, mas o tempo, dissolve os sentidos, e suaviza os contornos dum momento único. Não quero esquecer-me, mas já me custa recordar aquele segundo em que tudo aconteceu.
O tempo vai-me vergar.

Vento

Vento que passa, colhe-me as palavras, atreve-te a pronunciar as que não consigo dizer. Vento que passa, colhe-me a alma, atreve-te a levá-la para longe sobre as tuas asas. Vento que passa, colhe-me o coração, que seguro em minhas mãos, dissolve-o no espaço, como areia do deserto.
Sinto a carícia dos teus dedos invisíveis, afagar-me a nuca, sinto o teu abraço apertado quando a tempestade se aproxima, a tua força arrasta-me, num turbilhão de sensações, no meio do furacão, vento, amigo, companheiro.
Sinto a tua presença, mesmo na ausência, na calmaria de uma tarde de Verão, no silêncio da agonia que me queima o peito. Sinto o

conforto do final da tarde, ao nascer da noite, quando me sopras a face para despertar para mais um instante de tranquilidade.

Vento, escultor divino, companheiro eterno, que no momento final, vens buscar-me a alma que navegará para sempre no dorso calmo do teu ser.

Escondes-te

Escondes-te, por detrás desse olhar, envolto numa névoa de mistérios. Ofereces-me o corpo, como se apenas ele me saciasse. Peço-te a alma, que insistes em ocultar detrás do teu peito desnudo.

Escondes-te, cobres-te com o véu da sedução, deixando transparecer o interior fechado numa barreira de cristal que me permite apenas contemplar o brilho que irradia do centro do teu mundo.

Descubro-te, em cada troca de olhares, nos sentidos que reprimes e não queres mostrar. No momento em que a minha alma trespassa o teu corpo como um sabre que não fere.

Descubro-te, em cada rosto de mulher, em cada palavra que não pronuncio, em cada instante que não vivo. A cada passo, sinto-te o perfume, encontro o toque da tua pele na seda que me acaricia.

Aguardo-te, gosto de ver-te chegar, quando o dia cede sobre a noite que de mansinho o adormece. Caminhas com a suavidade da brisa da tarde, com a leveza duma pluma.

Repousas

Sobre a pedra fria, num instante de tranquilidade, o teu corpo desnudo, ancorou na margem do meu mar. Deixaste-te ficar, contemplaste o dia a adormecer nos braços da noite. Adormeceste, sobre o meu corpo inerte.

Deixei que a minha brisa, te afagasse, senti a tua pele macia, deslizar sobre as minhas mãos de vento, embrenhei-me nos teus cabelos, também eu adormeci, em ti.

Fomos, por toda esta noite, um só corpo, uma só alma. Os nossos olhos, fechados para o mundo exterior, perderam-se nos horizontes desta terra, feita de imaginação e sonhos, oculta num lugar secreto, que só nós conhecemos.

Quando a manhã te despertou, o meu corpo, fez-se orvalho, e deixei-me escorrer pelas curvas desse corpo nu, que percorri, de regresso ao meu mar...

Silhueta

Fecho os olhos e deixo o pensamento voar, quero apurar os sentidos, para que estes sintam o perfume da tua pele, desenhem sobre a folha branca de papel, os contornos da tua silhueta. Esqueço-me do mundo lá fora, deixo a Lua imensa, banhar-me com o seu luar, esperando que, onde quer que estejas, me encontres reflectido na sua superfície.

Nesta noite, em que a brisa da tua alma me vem visitar, deixo-me ficar aqui, sentado, na saudade que ainda não conheço, esperando que chegues, para te sentir. Desejo-te, sobre a forma de uma borboleta nocturna, cuja beleza se oculta na ausência de luz, mas que os meus olhos conseguem vislumbrar quando despontas no horizonte. Quero descobrir, cada palavra tua, encontrar na tua essência um pedaço de mim.

Não sei há quanto tempo te espero, és uma imagem difusa na minha mente, mas sei que encontrar-te-ei, porque sei de cor o teu corpo, e conheço a tua alma, porque és parte de mim...

Voa sobre mim

Voa, sobre a minha alma, com a fragilidade das tuas asas de seda, com a beleza desse corpo de cristal, voa, sobre mim. Quero sentir a brisa dos teus impulsos tocar suavemente a minha pele adormecida.

Sobre tuas asas, trazes-me a eternidade, a luz que desperta a tua leveza, o calor que aquecerá a minha pele gelada, desperta-me desta noite escura, dá-me vida, num beijo suave.

Esta noite, em que sempre espero, vejo as estrelas do céu, procuro nelas um sinal do teu regresso, uma forma familiar, as asas duma borboleta, que se agitam no firmamento, ganhando vida.

Não sei se este é um sonho que se evapora como o orvalho da manhã, sei apenas que quero que me leves a voar contigo, enquanto a noite, secretamente, nos une...

Num mundo novo

Caminho, na eternidade dos tempos, numa estrada sem fim, procurando-te a cada curva do caminho, detrás de cada árvore, em cada flor, em cada pássaro. Há momentos em que as forças me falham, sucumbo ao esforço de séculos de caminhada, mas, sempre sopra uma brisa, que me dá novo fôlego, levanto-me e prossigo.
Hoje, enquanto caminhava, envolto na música que ecoava na minha mente, sob o Sol deste final de Primavera, senti um leve toque sobre o meu braço, que me fez acordar da realidade. Senti-me entrar num mundo novo, olhei, e vi-te, pousavas-me na mão, batias as asas para me acariciar a pele, e chamar-me a atenção.
Trouxe-te ao nível dos meus olhos e olhei para dentro dos teus... nesse instante, todo o mundo em nosso redor se evaporou, deixando-nos a sós, o teu corpo, frágil, fez-se mulher, sobre os meus braços e como que saída de um conto de fadas, estavas ali, olhando para dentro de mim, e eu, deixei-te entrar, abri-te a porta da minha alma, e tu deixaste-te ficar...

Entre o teu corpo e o meu

Sobre o meu corpo, o teu se fez mulher, em minha alma, a tua se instalou, e como uma peça de puzzle, se encaixou. Eu, senti no momento que fazias já parte de mim, desde o início dos tempos.
Da metamorfose deixaste ficar as asas de borboleta, e deste o teu corpo a beber ao meu, que sedento, respirou cada milímetro de ti. No silêncio, feito de palavras escritas, aprendemos a sentir-nos,

reconhecemos em cada frase, o êxtase de outros tempos, em que éramos unos.

O incenso queima o ar com os aromas da tua pele que imaculada, que nunca toquei. Os meus olhos, cerrados, deleitam-se com o brilho dos teus que nunca vi, e as minhas mãos entrelaçam-se nas tuas, sem chegar a senti-las.

Nesta magia que nos envolve, a música é um laço imenso que nos abraça os corpos distantes, e inebria os sentidos que nos levam a voar pelo universo que existe entre o teu corpo e o meu, entre a tua alma e a minha, entre os teus lábios e os meus...

Anoiteceu...

...e tu não voltaste! Esperei que o sol se deitasse sobre o horizonte. Pousado sobre aquele cais vazio, vi a noite chegar.

Deixei-me ficar, vi as estrelas nascer no pano escuro do céu, senti sobre a pele o frio da tempestade que se avizinhava.

Esperei, senti a fúria da natureza fustigar-me o corpo, a chuva, lavar-me a alma escura e triste.

O cansaço venceu-me o espírito, que acabou adormecendo sobre a madeira húmida. O dia despertou, encontrando sobre o molhe uma pequena mancha escura, no lugar onde na noite anterior havia abandonado à sorte dos ventos o meu corpo, onde entreguei à escuridão profunda a minha alma, para adormecer, na eternidade dos tempos, na esperança de um despertar radioso que não chegou a acontecer.

No final deste dia cinzento, quando a noite regressar, não

encontrará vestígios daqueles instantes em que as palavras se vestiram de sentidos e fizeram a noite mais iluminada do Universo.

Partiste

Esta noite sentei-me no escuro do quarto, lá fora, a tempestade fustigava os vidros da janela, e a chuva, escorria como lágrimas. Os relâmpagos, transformavam a noite em dia, e iluminavam o meu corpo, inerte. O meu olhar, concentrava-se muito para além da tormenta. A minha alma, deixou o corpo, ganhou asas, voou, para lá do tempo.

Nas palavras que te deixei, envoltas em sentidos, ofereci-te os sons, o toque, e os olhares que, apesar de não veres, sempre se cruzavam em cada letra escrita, em cada frase sentida, a cada música não tocada. Sabes, a magia que os sentimentos encerram, pode, deve, ser desenhada de todas as formas possíveis, só assim conseguimos atingir a plenitude, só assim conseguimos sentir.

Neste espaço escuro, onde periodicamente espalho os meus sentimentos, encontrar-me-ás sempre que a tua alma precise beber nas letras de uma simples palavra, o sentimento que nenhum toque, olhar ou som te consiga dar. Quem sabe, nesse momento, não descobrirás a chave que abre uma nova dimensão.

Partiste, borboleta mágica, foste pousar em outras flores, procurar aquilo que julgaste não encontrar aqui. Que o vento te seja favorável nessa viagem.

Fez-se dia

Subitamente, fez-se dia. Os braços estendidos deste Sol, rasgam o gelo de uma noite em que a tormenta congelou o espaço, em que a solidão envolveu a minha alma, em que a ausência de luz, ocultou o brilho das tuas asas de borboleta.

Aos poucos, acordo desta letargia que me impus, o corpo ganha força nas palavras que me escreves e a manhã desperta de novo os meus sentidos. Encontro-te agora, difusa por toda a envolvente, em cada carácter que escrevo, a cada palavra que não pronuncio, que guardo, apenas para te dizer num murmúrio, a cada frase que componho e te sussurro ao ouvido.

Nesta alvorada que te dedico, estiro os meus braços ao céu, agora claro como o dia que já amanheceu, e espero sentir-te de novo, como um anjo que mergulha do paraíso, sobre mim. Quero tocar-te a alma, senti-la sobre as minhas mãos, fazê-la corpo, descobrir-lhe cada recanto, cada instinto, e preenchê-la com os sentimentos que transbordam das palavras que escrevo, inundando com carícias o teu corpo sedento, a tua alma pura e os teus sentidos atentos.

Sinto-te

Sinto-te, em cada palavra descrita, em cada letra escolhida. Sinto-te, em cada inspiração tua, em cada instante meu. O teu corpo, que descubro, com a ponta dos dedos que te escrevem, descreve cada milímetro da tua pele. Sinto-te o perfume que se mescla com o incenso que queima o ar salpicando a noite de aromas.

Esperas-me, sobre essa cama vazia, onde todas as noites adormeces em sonhos, embalados pela brisa. Chego de mansinho, afagando-te os pés, a minha respiração percorre suavemente as tuas pernas, sentindo-te sem te tocar, a pele macia. As minhas mãos, tocam o teu ventre como se de plumas se tratassem, sinto-te, o corpo arrepiar-se, descobriste-me, envolto no vento cálido desta noite, encontraste-me no abraço apertado que nos demos.
Os meus lábios, procuraram encontrar os teus na plena escuridão, sabendo com certeza que iriam encontrá-los, no instante em que ambos nos beijamos, com a intensidade que apenas a saudade de muitas vidas deixou em nós. Senti-te, quando os nossos olhares se cruzaram, enquanto as nossas bocas se devoraram, num momento mágico.
Quando fizeste o dia nascer, o Sol foi encontrar-nos onde a Lua nos adormeceu, dois corpos colados, duas almas abraçadas, sobre os lençóis do amanhecer...

Tocar-te

O quarto, iluminado pela luz trémula das velas, exala o perfume do incenso de canela que deixa no ar uma atmosfera enevoada. A música invade todo o espaço, com acordes suaves, enquanto te espero.
A cama vazia, acolhe o meu corpo desnudo, que repousa, envolto no véu dos sonhos que despertas em mim. Deixo a alma voar, embalada pelos sons suaves, pairo sob o céu inundado de estrelas, esperando ver-te chegar.

Dormente, sinto-te os passos, o teu aroma invade o quarto, a luz das velas estremece juntamente com o meu coração, e a minha alma, pousa sobre o teu ombro, abro os olhos. Estás aqui, o teu corpo descobre-se, e na penumbra, encontro as tonalidades da tua pele que se perdem nas curvas de um corpo de menina, vestido com uma alma de mulher.

Os meus braços acolhem a tua alma, e a minha alma recebe o teu corpo, sentimos o toque, sinto o calor da tua pele, e tu sentes o perfume da minha. Não estamos a sonhar, nem tão pouco são meras palavras com que criamos cenários que apenas a imaginação desenha. Somos tão reais, como a mais pura realidade e os nossos corpos entrelaçados, amam-se, sobre esta cama, outrora vazia.

Nesta arte mágica em que as almas dançam sobre os corpos desnudos, que a um ritmo suave, se amam, o mundo evapora-se como uma gota de água numa tarde de Verão, e ficamos só nós dois. Hoje, nem o amanhecer desvanecerá o sonho, porque hoje, a realidade surpreenderá o final da noite, e quando o dia se fizer anunciar, encontrará dois amantes, sobre a cama onde habitualmente, só tu acordas.

Essência

Na suavidade desta manhã, em que desperto a teu lado, perco-me nas palavras que não digo. Escrevo-te, à velocidade de um raio de luz, dos meus dedos, brotam sentimentos que não controlo, e sobre as teclas debitam frases e emoções simples, puras e sentidas.

Desde o inicio dos tempos que te procuro, caminhando sobre a areia da praia, tantas vezes deserta. Voando, na escuridão da noite, sobre mares tempestuoso, tantas vezes fustigado por ventos contrários. Perdido, sem norte, por caminhos escusos e frios, por ruelas e becos, procurando-te em cada rosto que se cruza, em cada alma que se sente.

Quantas vezes o meu coração se sentiu dilacerado pela espada da desilusão, quebrado, como se de barro fosse feito. Quantas vezes a minha alma ficou vazia, forrada com fotos de uma memória que trazia, de um passado longínquo onde tu eras presença constante.

No inicio desta viagem, pensei ser fácil encontrar-te, mas o tempo, tentou apagar a lembrança, e as vidas tentaram esconder-te por detrás de outros rostos sem alma, mas, todos aqueles que sopraram contra mim angústias e desamores, esqueceram-se que na minha alma levava gravado o perfume da tua essência.

Podemos ser diversas coisas, mas a essência daquilo que na realidade somos, a matéria inicial, nunca se perde, nunca se transforma, permanece eternamente escrita na Génesis da nossa alma. Por isso estou aqui, por isso tu também estás aqui, frente a frente, olhando para o fundo dos meus olhos, procurando pela essência de mim...

No silêncio desta noite

No silêncio desta noite, fico a escutar a minha própria alma. A Lua, preenche o céu imenso, apagando o brilho da tua estrela. Sento-me no topo da colina, em meu redor as luzes das cidades vizinhas prolongam o firmamento, pontilhando a Terra escura, esbatendo a linha do horizonte. Hoje, não se escuta nada, apenas o som do coração que bate, a um ritmo quase parado.

Sei que estiveste aqui, vi-te por entre as sombras das árvores adormecidas, deixaste-te ficar, vieste apenas olhar-me, descobrir nas palavras escritas o fôlego que por vezes te falta. Senti a tua alma palpitar na escuridão, comprimindo-se para não quebrar o silêncio, de palavras que não escreveste, de frases que nunca pronunciaste.

Com as mãos cravadas sobre a terra, deixei que os dedos se afundassem no solo fresco, deixei que criassem raízes e ali ficassem presos para que não deambulassem sobre as teclas, feitas de letras que sempre te escrevo. Mas, a minha alma, soltou-se e com ela libertaram-se as palavras, frases completas, que no silêncio desta noite, agruparam as estrelas em novas constelações e desenham sobre o céu escuro, as palavras que não ouso dizer-te ao ouvido, simplesmente porque, estiveste aqui, e não me deixaste ver-te.

Sopro do amor

O sol da meia-noite, inflama o ar, como uma bola de fogo, evaporando as gotas da última chuvada. As sombras ganham forma e uma leve brisa sacode a folhagem, ainda húmida. Misturo-me no vento que passa, envolto na maresia da madrugada, levando comigo o perfume do amor, aos quatro cantos do Universo.

Percorro cada milímetro de pele, deixando suaves gotículas deste perfume mágico que desperta os sentimentos. Neste voo infinito,

percorro a Terra num segundo, deixando o mundo da fantasia roçar os corpos da realidade, sacudindo as almas, para um acordar doce e terno.
Nem sempre se consegue abrir a alma ao sopro do amor, nem sempre o simples toque da essência permite que sintas entrar em ti uma nova vida, mas, nos corações mais sensíveis, a noite, calma e tranquila, transporta nas suas letras a fragrância da paz, e do amor eterno.
Invado-te, conquisto-te, descubro-te, a cada letra que deixo cair sobre o teu corpo, a cada toque que não sentes, a cada sonho que te conto. Adormecida, nesta noite, que te embala, sobre braços inventados de frases descritas, deixas-te adormecer, deixas-te levar, e a noite oferece-te as asas, que, placidamente, te farão voar.

Gota de eternidade

Nesta gota de eternidade, condenso todos os instantes de várias vidas. Neste momento em que me fecho, sobre a minha alma, visito-te na noite dos tempos, recriando cada imagem nossa, cada instante teu. Desenho, sobre as telas os traços que decorei, moldo sobre o barro fresco o teu corpo que desejei.
Neste atelier imenso que é o meu mundo, crio cada canto à tua imagem, uso as cores da tua pele, e os perfumes do teu corpo. Esculpo as formas simétricas da tua alma que conheço desde o princípio dos tempos. Neste jardim secreto, que só tu conheces a entrada, deixo-me vaguear pelo tempo, esperando a tua chegada.
Nos acordes da música a voz impõe os versos que te escrevo, e as

notas, frágeis como o cristal, ganham asas e invadem o firmamento. Neste lugar mágico, onde a noite e o dia se confundem num pôr-do-sol eterno, deixo cair do meu olhar uma lágrima de saudade, uma gota, dessa tão almejada eternidade, que carrega dentro o sal da vida, e o perfume da tua alma.

Eos, desvanece a noite, e acorda o sonho, o meu rosto ainda dormente, carrega com ele as marcas dos teus lábios, estiveste comigo toda a noite, na eternidade dos tempos, e descobri, que mesmo com o raiar do dia, continuas aqui, tão perto, tão perto de mim.

Mensagem

No teu olhar transportas os segredos de mil vidas, perdidas no tempo. Carregas em ti a minha imagem, a mensagem que deixei antes de nos separarem. Nesse olhar, antigo, que os séculos não conseguiram desgastar, estão guardados os instantes em que fomos apenas um.

Procuras, em cada ser, desvendar, por entre as linhas escritas, os códigos, subliminares, e os ícones que abrem as portas do Universo. Procuras, em cada corpo, os traços duma pele que outrora foi a tua, de uma fragrância que em tempos possuíste.

Chegaste aqui, paraste e olhaste para esta amalgama de letras, frases escritas, textos misteriosos, a tua alma balanceou, tiveste dúvidas e não conseguiste as certezas, que no meio de todos estes caracteres, por entre estas linhas, encontrasses os códices mágicos que te oferecem a chave dos céus.

Nas imagens, procuraste o mapa celeste, por entre as constelações de estrelas, que se conjugam à tua passagem, temeste encontrar num só local a porta e a chave que a abre, duvidaste que, após milénios de procura, viesses encontrar aqui, num pequeno grão de areia, na praia imensa da galáxia, o segredo, a mensagem, que completa, aquela que trazes gravada na tua alma.

Ritual

O dia adormece, suavemente sobre os braços da noite. Num instante as sombras absorvem as formas e apenas pequenos pontos de luz salpicam o espaço. A Lua, rasga o horizonte, avermelhada como o fogo que a faz brilhar. O meu corpo despido, sente o calor do teu, que a um milímetro espera e deseja por ser tocado.
Os meus olhos, cruzam o teu olhar, e por momentos, deixamo-nos ficar, parados, suspensos no tempo, sentindo apenas a proximidade, sentido apenas os espaço em redor, sentindo-nos. Num ritual de magia, estendo os meus dedos em direcção à tua face, parando antes de te tocar. Percorro todos os declives e curvas que fazes, como se tivesse asas e voasse sobre a tua pele. Sentes o calor da minha mão, que se envolve em ti, sentes os dedos, de uma forma imperceptível, roçar sobre ti, estremeces.
Sem nunca deixar de te olhar, aproximo a minha boca da tua, deixo-me ficar, um instante antes do beijar. Sinto o calor que vem da tua alma, espalhar-se sobre o meu peito. Sinto o desejo que clamas, quando o meu corpo toca o teu. O silêncio encheu-se de músicas

suaves, e entrelaçamo-nos como peças de um puzzle que se encaixam, formando uma só figura.
Sob o olhar de mil sois, permanecemos abraçados, na noite, enquanto a Lua nos contempla, quais amantes perdidos no tempo, até que o dia regresse para nos despertar.

Regresso a casa

Nesta longa caminhada, subindo a encosta da vida, aprendo em cada passada, a certeza duma busca perdida. O corpo, cansado, dos passos que deu, a alma pesada pelos séculos que perdeu. Procuro encontrar o caminho de volta à casa das palavras, onde deixei, escritos e formulas, em épocas passadas. Quero sentar, sobre a velha cadeira, pousar a minha mão sobre a pena, deixar nas páginas vazias, o cheiro da tinta, com sabor de palavras que carrego dentro. Quero perder-me a contemplar, da janela, o luar, e a floresta que desenhei, sentindo o vento soprar.
Ao meu castelo quero voltar, por lá deixei os sentidos, que agora que ando perdido, preciso encontrar. Nas noites etéreas, em que me sento e descanso, solto no vento o meu pranto, deixo a alma vaguear, por todo este mar de desencantos. As telas não desenhadas, campos estéreis, esperam pela minha mão, para desenhar sobre elas os traços de ti, que encontrei espalhados por aí.
Em vidas, outrora vividas, colhi as histórias, sentimentos e palavras, que carrego comigo, sempre que regresso ao lugar onde um dia comecei a caminhar, nesta busca perdida para te encontrar.

Caminhos distantes, lugares recônditos, gravaram-me na alma o sabor dos instantes, o gosto de outros seres, e os pedaços perdidos que de ti foi encontrando ao longo desta viagem imensa que mais uma vez chega ao fim.
Não existe final, sem um novo início, e amanhã, quando o Sol me despertar, recomeçarei de novo, a caminhar.

Luar

Envolto no manto de estrelas que a noite me ofereceu no início dos tempos, deixo que o vento me afague os cabelos, enquanto observo no escuro o nascer da Lua. A noite, faz-se dia com a sua chegada, e os meus olhos atentos, perscrutam o horizonte à procura duma alma perdida.
O nevoeiro dissipa-se, apurando os sentidos, escutando na suavidade do momento, a música que emana da minha alma. Nesta espécie de canto, existe um pranto que apela às forças da Natureza, aos mistérios escondidos nas sombras desta noite clara como o dia. Ensaio aqui, as fórmulas aprendidas na eternidade dos tempos, velando por todas as almas que esperam encontrar um instante de paz.
A brisa, afaga-me as asas, com um convite para que se estirem e voem sobre a planura, mas o meu corpo contem-se, esperando o momento certo para se elevar e sentir o vento dar-lhe vida. Guardo no íntimo da alma os segredos da imortalidade, do amor e da ternura, esperando conseguir transmiti-los aos que incessantemente os procuram, e me procuram. Em cada pedaço de alma que

encontro, deixo um pedaço da minha, ajudando-a a completar o feitiço para o qual está destinada.
Quando a noite começa a adormecer, o Sol, desperta para um novo dia, deixo o espaço, o tempo à guarda das fadas que na sua beleza luminosa cuidarão dos desejos e das almas daqueles que procuram e ainda não encontraram.

Anjos

Vindos de um tempo onde as asas nos caíram, ficámos aqui, agarrados à Terra, segurando as estrelas, nas pontas dos dedos, para que iluminem o espaço escuro da noite, como faróis distantes de outros mundos, os mundos dos sonhos.
Nos teus sonhos, voas, nas asas da brisa que sopramos, rumo ao firmamento, embalada nas melodias suaves que descobrimos nos confins do Universo. Nesta noite, a luz propaga-se como raios de uma tormenta que não existe. Agitas-te sobre os lençóis, a tua Alma, solta-se, quer viajar, quer libertar-se da prisão do corpo.
Levo-te, pela mão, por caminhos mágicos, entre a Lua e o Sol, entre as estrelas e os planetas, para descobrir numa galáxia distante, inundada de pontos luminosos, um lugar escondido, onde o tempo parou para descansar, e a música nasce, suave, como uma fonte de vida. Aqui, o teu brilho adensa-se, e todos os sentidos se condensam num instante de paz. Repousas sobre uma cadeira de baloiço, contemplando o horizonte, onde a noite e o dia partilham o céu, no mesmo momento, onde o Sol se abraça à Lua e as estrelas brilham.

Este é o mundo de sonhos que seguro na ponta dos dedos, como uma estrela cadente que risca o céu desta noite, para realizar os teus desejos.

Nascer de novo

Voas ao meu encontro, seguindo as estrelas que marcam o caminho. A minha brisa, afaga-te o corpo desnudo, penteia-te o cabelo de seda. Sentado, no fim do horizonte, espero-te. Aqui a noite ainda não chegou, o dia acaba-se aos poucos num pôr-do-sol magnífico. Sinto o teu perfume no vento que passa, sei que me procuras, seguindo os sinais que deixei espalhados pelo Universo.
Aproxima-se o instante em que o teu corpo sentirá o calor do meu, em que a minha pele provará a tua, em que os nossos fluidos se mesclem numa emulsão suave, doce, como o mel. Voltas, para me dar as asas perdidas. Vens buscar-me, aqui onde o destino me deixou ficar, para cumprir nesta eternidade a missão que me confiaram.
Depois de tantos séculos perdidos, o cansaço marca-me a face, desgastada pela entrega abnegada, a Alma, sente a falta de todos os pedaços que deixou nos outros, os sentidos, fracos, já não conseguem detectar as emoções e adivinhar o destinatário. Chegou a hora de regressar, e tu, vens, para me buscar.
A noite é já escura, mas vejo-te chegar, na majestade do teu porte. Os meus dedos, tocam a tua face, e, num instante de magia, as minhas asas desabrocham, beijo-te e o fôlego que me faltava, recobra com a tua presença. Tu fazes-me nascer de novo!

Imagem de mim

Na ausência do tempo, que ficou lá atrás, escondido entre séculos, perdido entre o passado e o futuro, abandono o corpo, e deixo a alma tomar outro rumo. Aqui, deixo ficar a imagem de mim, uma amálgama de moléculas abraçadas umas a outras, deixo uma suave fragrância da minha alma, que me identifica perante todos os que pensavam conhecer-me.

Laço a Lua, e trepo para ela, nas águas do lago, deixo os despojos de um outro eu, um barco solitário que navegou na deriva destas águas agora plácidas, outrora revoltas. O feitiço deste luar, dá a força que a minha alma precisa para se elevar. Já sem asas, porque o tempo as apagou como uma borracha sobre a folha escrita, preciso agarrar-me a esta corda, símbolo do cordão original que me trouxe até aqui, e agora me recolhe de volta à eternidade.

A meio do caminho, olho atrás, vejo o mundo, redondo, procuro encontrar os sinais que lá deixei, em almas espalhadas ao acaso. Vejo as sementes que plantei outrora nesta Terra fértil, que criei e vi nascer, que cresceram e se tornaram mensageiros. Uma lágrima de saudade desprende-se, chove, o mar tranquilo salpica-se de gotas de água salgada, uma última recordação, antes de voltar, olhar em frente e seguir, rumo a uma nova encarnação.

Intemporal

O dia desperta, deixando para trás a longa noite. O teu corpo quente, encosta-se ao meu, para se abrigar da brisa fria da madrugada. Sinto a suavidade da tua pele, roçar a minha, num aconchego doce e terno. A claridade invade o quarto, onde nos abandonamos aos desejos de amor. Vejo o sol nascer no teu olhar quando despertas, sinto a carícia da tua mão sobre o meu peito desnudo, quando o teu corpo se anima de vida.

Beijo-te, com a suavidade da seda dos teus lábios de carmim, no ar ainda se sente o perfume do incenso que ardeu, e no teu corpo ainda sinto o sabor do amor que te ofereci. Lá fora, o mundo continua a rodar, a vida ganha forma, e o dia avança no seu largo caminhar, até à próxima noite. Aqui, entre lençóis e abraços, deixamo-nos ficar, absorvendo a essência de cada um, entre os teus braços e os meus, entre as minhas mãos e as tuas.

Afago-te os cabelos longos, ondulados como as águas do oceano, sinto o perfume de maçãs frescas que deles se liberta, o teu rosto colhe o calor do meu peito, como se colhe o trigo no campo. Os pássaros lá fora parecem entoar canções de embalar, ficando-nos uma vontade lânguida de nos deixarmos levar nas suas asas. Abandonamo-nos aqui, deitados sobre a cama, despidos de corpo e alma, porque para nós, este momento é intemporal.

Sonhámos

Exaustos de viagens através dos tempos, os corpos tombam. Repousam sobre o silêncio da noite, confortando-se no calor das suas peles de cetim. A eternidade deixa-nos sempre sem fôlego. A cada nova vida, consumimos as energias que acumulámos ao longo destes momento de sossego e tranquilidade.

Dormimos, o meu corpo protege o teu, mais delicado, sensível. Deixamos agora que os sonhos que criamos nas mentes de outros, invadam a nossa própria alma. Despidos das asas que nos elevam acima do sono, adormecemos, embalados na música perpétua de que somos feitos.

Esta noite não plantámos sonhos, esta noite, não criamos vidas, esta noite, foi apenas uma noite, como a de tantos outros, em que o cansaço nos invadiu os corpos, em que o sono nos dominou a mente. A alma, a nossa, deliciou-se em sonhar, não podemos fazer sonhar, se não formos capazes de ter os nossos próprios sonhos.

As asas, penduradas sobre o cabide da porta deste quarto imaginado, mudam suavemente as penas, para que possam voltar a voar como a leveza de sempre, neste silêncio imenso, que só o adormecer da noite nos proporciona, libertamo-nos das mágoas, dos sofrimentos e ganhamos energia renovada.

Esta noite, nós sonhámos!

António Almas

O sonho

No mundo dos sonhos, as portas abrem-se de par em par, convidam-nos a entrar, a descobrir as sensações escondidas no fundo da nossa mente. A alma, desenha com cores diversas a paisagem, a floresta e o mar. Aqui, o ar é perfumado, e cheio de sons suaves, uma melodia natural, que nos embala suavemente. A noite e o dia co-existem numa harmonia perfeita de sombras e luzes, dando um brilho particular à atmosfera que nos rodeia.

Neste lugar, esquecido, escondido, um jardim secreto, cujo caminho se oculta por detrás dos sonhos não sonhados, das emoções não sentidas, convida-nos a sentir sem o corpo, tudo aquilo que nos rodeia. Aqui, neste lugar mágico, somos etéreos e o tempo, não marca os compassos da vida. A beleza que nos afaga a alma é um presente constante do nosso sonho de criança.

Na vida, procuramos sempre encontrar-nos, mas é nos sonhos que descobrimos a essência do nosso ser, é dentro deles que guardamos a vida eterna que sempre ambicionamos ter. Encontrar-me aqui, comigo mesmo, é tocar o limite entre a realidade e o sonho, atravessar a barreira que separa uma dimensão da outra e ser capaz de reinventar a vida a partir da própria essência do ser.

Hoje, depois de sonhar, renasci, como a semente, que hibernou com a chegada do Outono, com o frio do Inverno, e que a Primavera fez acordar, de um sonho lindo, para se fazer vida e dar o fruto que alimenta os corpos. Estes são os sonhos da vida, esta é a vida dentro dos sonhos, o alimento para a alma, o fôlego para uma nova jornada.

Alquimia

A noite deixa-me sobre a cama o teu corpo desnudo, inanimado. A tua alma adormecida, espera que a desperte, o teu corpo sem vida, espera para ser acordado. Debruçado sobre tratados de alquimia, iluminado pelas velas que aquecem as emulsões, misturo as essências, fundo os elementos, numa magia perfeita. Do vazio, crio a poção, com o nada encho de fragrâncias o ar. As minhas mãos, tremem com receio de falhar, a minha alma comprime-se a cada segundo que passa. Nesta noite, preciso dar-te vida, acordar-te antes que o dia te desperte.

A minha pele toca a tua, ungindo-a com óleos suaves, da minha boca soltam-se as palavras que os sábios descobriram no passar do tempo, do meu corpo emana uma vibração incontrolável que desce pelos braços e se transfere para ti. A minha alma escuta a tua, que aos poucos desperta, e chama por mim, nas mãos sinto os sinais do teu corpo que se aquece à passagem do meu. Esta é a alquimia da vida, que desperta dos sentidos, que refaz a alma e o corpo, através das palavras, da sensibilidade, do amor.

Esta noite, trouxe-te à vida, para lá do sono que te adormece, abri-te a porta duma outra dimensão, convidei-te a entrar e a sentires comigo o prazer. Esta noite, quis amar-te para além do corpo, despertar em ti os sentidos, para lá da realidade, mostrar-te o outro lado do céu.

António Almas

Fogo...

...magia de Deuses, luz divina que aquece esta noite fria. Fogo, da tua pele que arde de desejo, da tua alma que ilumina o caminho recôndito por onde me embrenho. Fogo que me consome o espírito, que funde os sentidos numa única sensação. Elemento poderoso que transformas a matéria, alteras as formas, e modificas as sombras, trazendo-nos uma imagem do dia, no meio da noite.

Aqui, sentado, no meio destas paredes de pedra, és a luz do meu mundo. Com os braços apoiados sobre a secretária de madeira velha, escrevo, embalado nas nuances do teu brilho. A folha branca, completa-se ao encontrar a tinta, fazendo os caracteres ganhar formas perfeitas. Já não sei se escrevo, já não sei se desenho, os símbolos mesclam-se com a luz e transformam-se.

No frio deste salão imenso, onde o vazio é senhor, os quadros que pintei, em vidas passadas, adornam as sombras do presente, recordando-me aquilo que já foi. Na nostalgia deste momento, o tempo suspende-se por um instante, em que encontro nas palavras que escrevo, o teu rosto. A noite estende-se até à madrugada, e a alvorada prepara-se para me acordar, encontrando-me debruçado sobre folhas brancas, vazias de letras que, afinal, não escrevi. O fogo que ardia é agora um punhado de cinzas e o dia, vem revelar as paredes despidas de nada, do meu quarto de dormir.

Madrugada

Era já madrugada, o meu corpo dormia sobre a cama, a minha alma esperava-te sobre o umbral do tempo, a brisa do vento da tarde alertara-me para a tua chegada, pois com ela transportava o perfume da tua essência. Ali sentado, peguei no carvão, e sobre a tela, imaculada, deixei que as minhas mãos criassem. Chegaste, sobre a forma dum desenho, brotaste de dentro de mim, como uma criação, e, ali estavas, olhando-me.

O teu corpo sensual, soltou-se da tela onde nascera e fez-se mulher, o teu olhar, que fixava o meu, invadiu-me, senti o inconfundível perfume da tua pele, os teus cabelos roçaram suavemente a minha face e finalmente, ancoraste em mim. Os meus dedos, sedentos de ti, percorreram cada curva desenhada, cada detalhe, a minha boca, devorou-te, tentando absorver cada pedaço de ti.

Os corpos fundiram-se, numa poção mágica, no silêncio desta noite, madrugada, quase amanhecida. A minha boca encontra a tua, quando a Lua, deixa espaço ao Sol, e o dia vem rompendo o horizonte, num tom rosado suave. As estrelas, insistem em não se apagar, aguardam, querem sentir a tranquilidade deste reencontro. Hoje, acordaste na minha tela, e eu de olhos fechados, fiz-te mulher.

António Almas

Escrevo-te

A folha branca, abraça as letras que nela marco com a tinta dos sonhos, onde te escrevo, noite após noite. Nela desenho com caracteres à muito inventados, o teu corpo, de palavras feito. Sinto a cada frase os contornos de ti, imagino em cada parágrafo os detalhes da tua pele e em cada hífen descanso para te ler.

Sentado, na penumbra deste lugar, onde a noite me encontra cada dia, deixo a minha mão voar, como cinzel sobre o mármore eterno. As formas nascem, e nasces da folha de papel, por entre metáforas, com a beleza deste momento em que consigo definir-te a essência e tornar-te vida. Não, não és uma mera personagem de uma história qualquer, vi-te, sem nunca te olhar, na realidade da vida, por entre palavras escondidas.

Aguardo com serenidade o amanhecer, que trará com ele as tuas palavras, com que também tu desenhas este corpo que não conheces. Descobrindo a cada passo um caminho novo, pontuado de sensações, acentuado com emoções, e escrito com a tua mão sobre a minha. Já vem chegando a luz, ela anuncia-me um novo dia, um instante novo que espero seja mais uma frase, que completará uma história, perdida lá atrás, quando o tempo era ainda eterno.

Reencontro

No silêncio da noite, espero-te, olhando as estrelas. Sei que está entre elas, conheço-te o brilho. Por maior que o Universo seja, ambos sabemos encontrar-nos, pois somos um pedaço do outro.

A saudade queima-me as entranhas, este corpo onde habita a minha alma, quer sentir o teu, a pele clama outra pele, que apague esta chama que me arde no peito.

Solto dos lábios uma canção à noite, que ganha melodia quando a brisa transporta as palavras. As flores cobrem a planície, exalam um perfume doce me invade os sentidos. Deixo-me ficar quieto, deitado, adivinhando o instante em que chegarás de mansinho, para me tocar a alma. A madrugada avança, e o corpo sucumbe ao cansaço da espera.

Encontras-me adormecido, do teu olhar desprende-se uma lágrima furtiva, que vem cair sobre a sede dos meus lábios, e acordar-me. O meu olhar, surpreende o teu, e a minha alma abre-se para te receber.

Quando a Lua nasce, deixando sobre a água um rasto de luz, encontra-nos, abandonados, nos braços um do outro, sentido o toque de seda dos teus lábios sobre os meus, os meus braços cobrem-te a pele macia, amamo-nos, sob este luar de prata. Sobre os corpos as almas dançam ao som desta música terna que escutamos.

O tempo não nos escapou por entre os dedos, simplesmente porque a eternidade nos pertence desde o início dos tempos.

António Almas

Lágrima

Voltei à escuridão, à solidão da tua ausência. Ficaram apenas os ecos das palavras que ressoam nas paredes vazias da alma. A noite perdeu cada uma das estrelas que a ilumina, e a Lua, virou costas, deixando-me apenas o seu lado oculto.

A minha voz entregou-se ao silêncio, e os meus dedos gelaram, perdendo a mobilidade. A minha pele, perdeu a cor, e os meus lábios secaram. Uma lágrima solta-se, derrama-se sobre a face, numa torrente suave de dor, que desbrava caminho em direcção ao infinito.

Lá fora o dia chora comigo, adivinhando que me sinto triste. As nuvens da tempestade, cinzentas e escuras, cobrem o céu, o vento rodopia ameaçando levar-me os pensamentos. Quando as palavras carregam sentimentos que não conseguimos compreender, assustamo-nos e temos tendência em nos esconder.

Hoje é mais um dia para aprender, mais um dia em que percebo que não devo ser, que não devo existir, porque tudo aquilo que digo, acaba sempre por fazer tremer, a mais sólida estrutura do ser humano.

Talvez não esteja preparado para a alvorada dos tempos, talvez, como um dia escrevi, não faça parte deste lugar, estou efectivamente aqui de passagem. O dia, alonga-se, e o meu corpo não suporta esta longevidade, chego às portas da noite, já de rastos, hoje, nem sei se lá chegarei...

Voando...

Quando a noite chega, adormecendo o dia em seus braços longos, abandono o meu corpo, sobre a cama, e a minha alma ganha balanço e voa para lá das estrelas. Sigo o rasto que deixaste para mim, por entre sois e planetas, navego, sentindo o perfume da tua pele que nunca toquei. Corto o vazio, atravesso galáxias sentindo o chamamento da tua alma, a vibração do teu corpo.

Este fio de seda, que nos liga desde o início dos tempos, resiste, tenciona-se, mas nunca se quebra, por isso escuto a tua voz, sem mesmo nunca me teres falado, acaricio o teu corpo sem nunca o ter sentido em minhas mãos, olho dentro dos teus olhos, sem nunca os ter visto. Esta noite universal, companheira de caminho, musa de tantos sonhos inventados na ponta dos dedos, acompanha-me com a sua escuridão, deixando que apenas as estrelas marquem o caminho para te encontrar.

Já o sol começa a rasgar o horizonte, quanto encontro o teu corpo desnudo, junto à margem do lago. Olhas as estrelas e pronuncias o meu nome, num chamamento, vês-me chegar, como nunca me havias visto antes. Venho sentar-me a teu lado, afagar-te o cabelo, sentir as curvas da tua pele macia e esperar pelo momento em que os teus lábios irão tocar os meus e fazer com que o dia nasça, de novo.

Digo-te, "-Estou aqui, meu amor! Sempre estive, mesmo quando não conseguias ver-me.", abraças-me e sinto a tua alma acolher-me, como se fizesse há muito parte dela. E fez-se dia...

António Almas

Carta

Passo mais uma folha em branco no livro da vida. Aqui, sentado à luz da noite, sinto a falta das tuas palavras que ecoam ainda como lembranças ténues na minha alma. Nesta nova página imaculada, escrevo-te uma carta. Uma carta que não vais receber. Uma carta que desenha com palavras os sentidos que acordaste em mim. Com a saudade a queimar-me o peito, deixo que a noite conduza a mão sobre o papel.

Na incansável busca na noite escura, nesta eternidade que se esgota, mas nunca acaba, caminho por entre as trilhas de muitas vidas, procurando por sinais de ti. Sinto o teu chamamento, mas não te vejo, escuto a brisa contar-me de ti, mas não te alcanço. Sei que existes, mas não sei onde encontrar-te. Procuro-te, dentro dos corpos que se cruzam com o meu, remexo nas almas que batem à porta, tentando encontrar o fio condutor que me levará até ti.

Sempre que julgo encontrar-te, evaporas-te, como uma fragrância, deixando atrás o teu perfume, que me faz sonhar, apenas sonhar! Onde estás minha alma gémea? Que me faltas nas palavras, que deixas os meus sentidos sedentos dos teus. Nesta noite escura, retirei as minhas asas, sentei-me para te escrever, porque as palavras continuam a brotar-me dos dedos, à procura das tuas, à procura de ti.

Deixo ao vento, o livro aberto, na esperança que ele se encarregue de levar-te na brisa, as letras desta carta que te escrevi, que nunca receberás, porque não estás aqui.

Ecos

Escuto os ecos do teu silêncio, escritos com palavras emprestadas. Sinto que para lá do horizonte a tua alma sente a minha. Leio-te, no espaço entre cada carácter, entre uma palavra e outra, no limite entre uma linha e a próxima.

Sento-me, olhando o céu, e descubro o brilho dos teus olhos por entre as estrelas que aleatoriamente se dispersam. Escuto as músicas que me dedicas, leio, nos livros de que falamos as histórias que já havíamos vivido ao longo dos tempos.

Na essência do teu sonho, deixo-me ficar, esperando-te na alvorada de um novo instante e sei que ainda que não me vejas me reconheces em cada letra que te escrevo. No limiar de um novo dia, reabro a caixa de Pandora libertando a esperança que havia ficado aprisionada, acomodando-a no meu peito.

Enquanto espero, as minhas mão, animadas pelas forças mágicas que conduzem a alma, soltam-se em palavras e traços, sobre o branco da tela, sobre o papel da folha que absorve o negro da tinta com que te escrevo, descrevo e invento.

Faço-te de palavras, desenho de carvão, reinventando cada traço, cada sombra, cada relevo, sobre o texto das palavras que te dedico cada noite. Não há tempo, não há distância que consiga conter o fluxo dos sentidos feitos de letras que de uma forma mística fazemos chegar um ao outro, no eco dos nossos silêncios que tanto se dizem...

António Almas

Luar

Encontrei-te, reflectida no brilho da Lua, numa noite, em que olhava o céu, na constante procura de metade de mim. Estavas ali, desenhada sobre aquela superfície em tons de carvão, como sempre te desenhei nas minhas telas. Cruzei as vidas, sabendo como eras, procurando-te em cada lugar recôndito, e tu, estiveste sempre, no brilho do luar, a olhar para mim, sem me teres visto.
Encontramo-nos, os corpos abraçaram as almas e sentamo-nos, para olhar as estrelas, reminiscências de outros mundos, recordações de tantas vidas passadas, onde tentamos sempre despertar. Hoje, estamos aqui, sob a noite, de corpos entrelaçados, de almas coladas, numa fusão perfeita da essência de um ser.
Na ausência que partilhámos, nas incertezas que tivemos, houve sempre um sinal, uma luz, que fez estremecer a alma, uma arritmia celeste, que nos mantinha alerta para o instante, para o momento em que seguramente haveria a certeza de termos encontrado o que já à muito procurávamos.
Aqui, sentados os corpos sobre esta colina, deixamos as almas voar com as asas de um desejo que não controlamos, quebramos o silêncio desta noite, com uma canção que nos afaga o espírito, e deixamo-nos ficar, fazendo esta noite com as palavras que sempre nos dedicamos, com a intensidade dos sentidos, com a magia que só este luar nos permite ensaiar.

Escultura

Descubro-te, o corpo escondido por séculos de espera. Sopro, suave, uma brisa que aos poucos revela a tua silhueta. São pedaços de ti, que recolho aqui e ali, e junto para formar um puzzle complexo que julgo seres tu.

Nas noites límpidas, olho o céu, procuro nele o brilho do teu olhar, e espero a todo o instante que venhas olhar para dentro da minha alma.

Este ser, incorpóreo, feito de palavras apenas, assusta-te, e simultaneamente, provoca-te, numa sensação única que te faz procurar viver o instante, que desperta um frio no corpo, mas aquece a alma.

Gritas em silêncio à noite, perguntas-lhe se realmente existe alguém assim, a noite, calada, diz-te que tens de ser tu a perceber, a descobrir.

Esta noite, vou soprar de mansinho, desnudar-te o corpo, enquanto dormes, como o escultor afaga o barro, húmido, suave, que ganha forma nas mãos do criador, fazendo nascer aqui a mulher que encerra a alma, contornando a pele com a ponta dos dedos, dando-lhe vida, fazendo o sonho acontecer.

Depois da criação, sento-me, olhando-a, tentando perceber quando dela é teu, quanto dela é meu, quanto dela é nosso. Contemplo-a, procurando nas imperfeições as virtudes do ser diferente, percebendo as minhas falhas.

Espero-te, na magnitude do teu ser, sem dúvidas nas palavras e sem medo de te perderes, afinal, ninguém se perde, porque sempre se guia pelos seus instintos, sempre terás em mim a mão que segurará a tua e te trará de volta da escuridão da tempestade, para a luz, da noite tranquila, em que a Lua nos ilumina os espíritos.

Visita nocturna

Revisito-te, em mais uma noite, procuro por entre as estrelas o caminho que me conduz a ti. Encontro-te, na beira de um lago de águas tranquilas, olhas o céu, a Lua espreita o teu corpo desnudo por entre o rasto das nuvens, e eu escondo-me por entre as árvores. Fico ali, descobrindo as diversas tonalidades da tua pele, este é mais um quadro que quero guardar de ti, mais uma tela que penduro nas paredes da minha alma.

A natureza invade a atmosfera com sons e perfumes, a esta distância, pareces uma Deusa que veio adormecer nas margens, deliciando-se com a frescura da brisa da noite. Espero que adormeças, e quando os teus olhos se fecham, voo suavemente sobre a superfície das águas. Paro mesmo a teu lado, as minhas mãos, percorrem, sem te tocar, o teu corpo, inalo o perfume da tua pele, e a minha respiração cobre-te.

Deixo-me estar, junto do teu corpo, tentando adivinhar para onde foi a tua alma, a noite percorre o seu caminho e a Lua acaba adormecendo no horizonte. A nascente, a madrugada anuncia o rasgar do dia, o meu tempo está a esgotar-se, quero ficar, mais um instante, quero sentir-te perto de mim, por mais um momento, mas a luz vai deixar-me sem asas, converter-me num ser comum, tenho de voltar, ou perder-me-ei para sempre.

Na suavidade do que resta desta noite, deixo-te um beijo, despeço-me de ti, regresso a mim...

Escreves-me

Desde o principio dos tempos que leio os textos que me escreves. Quantas e quantas cartas, deixadas sob a luz da Lua. Quantas e quantas noites despertas, em que murmuraste frases surdas que deixaste na brisa do vento. Recebi-te, na distância e na ausência, colhendo cada letra, como o coleccionador guarda os selos das cartas que não escreveu.

Não fiquei em silêncio, escrevi-te, as cartas que não recebeste, as palavras que não escutaste, os livros que não leste. Na esperança de um dia me leres, espalhei pelos cantos do Universo, pedaços de frases que construí para ti, cartas, desenhos e simples suspiros. Lágrimas e desencantos, promessas e desalentos.

Este livro, que agora escrevemos juntos, inundado de palavras que nascem do nada, acompanhado de desenhos de nós que imaginamos, colorido com os sentidos que acumulamos cá dentro. Preenchemos cada página com letras desenhadas na noite, alimentando as almas com sentimentos, desejando que o dia nunca volte, para trazer a realidade e virar mais uma página, branca e vazia da vida.

Minha querida, encontro-te nas páginas que escreveste no livro da eternidade, com o fogo desta paixão, que queima o peito e alimenta a alma, de uma forma estranha, sem regras, louca, mas terrivelmente doce, sensual e pura!

António Almas

A sós

De novo me embrenho na noite escura, onde o brilho das estrelas se consumiu no vazio da tua ausência. Onde a luz da Lua se apagou com a chegada do dia. A realidade absorve os sonhos, apaga os sentimentos e dissolve as palavras em imagens feitas de nada. Sucumbimos à luz do dia, como um castelo feito de cartas se desfaz à primeira oscilação.

Fiquei a sós, comigo mesmo, neste mar de palavras, agora vazio de sentidos, porque já não faz sentido. De alma vazia, deixo cair das suas paredes os quadros que desenhei noite após noite. O meu pensamento esvoaça pela floresta despida de folhas. A tua alma, grita-me, quer sair de mim, e eu, não lhe fecho a porta, abro-te caminho e deixo-te partir, com a liberdade de te deixares ficar.

Esta noite, longa de mais, escura demais, fria demais, deixou-me o corpo dormente, e o espírito ausente. Fui procurar-te e já não encontrei o caminho, o mapa que me guiava é agora um folha de papiro, vazia de referências, a luz que me conduzia está apagada e o brilho do teu olhar escondeu-se detrás das pálpebras que cerraste para não deixares sair uma só lágrima.

A Lua, companheira de confissões, fechou-me a porta, deixando apenas um pequeno traço de luz no céu escuro desta noite, longa, demasiado longa. Hoje perdi-te, sem nunca te ter tido.

Fica...

...na minha essência um pedaço de ti. Deixo-te, nesta gota, a fragrância de mim. Paro o instante, numa memória fotográfica. Separo as dimensões e deixo o corpo ficar na realidade. A alma, eterniza-se absorvendo cada momento de ti.

Fica, dentro de mim, porque somos muito mais que um breve segundo, porque vivemos muito para lá das estrelas, porque não podemos viver sem um "nós".

A noite faz uma pausa, uma paragem no tempo, muda de dimensão e deixa as palavras ficarem no silêncio dos dedos que agora só escrevem para ti.

Regressará, e tentará perceber se ficaste, aqui, exactamente onde te encontrei, ou, se decidiste partir, dispersando a tua energia pelo infinito espaço vazio.

Fica, onde sempre estiveste, esperando encontrar-me, com a sapiência de quem viveu mil séculos, como a paciência de quem esperou mil vidas. Voltarei, para te abraçar, para te ter e te beijar, com o sabor dos sentidos que se propagam muito para além dos corpos, onde nada mais existe, que a energia de que tu e eu somos feitos.

Fica...espera-me...porque eu já espero por ti há uma eternidade...

António Almas

Saudade imensa

Espero a cada instante a chegada da noite, porque nela vem o teu perfume, o sonho e a candura das palavras feitas de poemas escritos, sussurrados na brisa do vento. Espero, que o tempo voe, como um pássaro nas asas da noite, levando-me para perto de ti. A realidade não apaga, não dissolve, aquilo que alma sabe existir. O brilho pode até ser ténue, pode até perder-se por entre outros muitos brilhos, mas está sempre presente dentro de ti, dentro de mim.

Entreguei-me nos braços deste mar, salgado de lágrimas perdidas, senti o meu corpo abraçado pelo teu, senti a minha alma envolta na tua, senti-te em cada elemento, no sal desta água, no brilho deste Sol, na brisa deste vento, e, na luz da tua Lua. Uma presença constante que me carregou no colo sobre a areia da praia, ainda que por vezes pensasse que as pegadas que ficavam para trás eram as da minha solidão, percebi, que eram tuas, porque me carregavas na alma.

Adormeci, olhando o céu, na noite eterna que nos une, nesta ponte que criámos, e que apenas nós sabemos cruzar, um espaço mágico, um instante roubado à eternidade que nos permite, estar longe, mas tão perto, que sinto o calor da tua face roçar o meu rosto. O tempo teimou em passar devagar, como que a querer testar resistências, sentimentos e angústias, talvez numa tentativa de nos tornar mais confiantes, de nos dar certezas. As amarras que prendem esta alma à tua são feitas do mais forte dos fios, a seda, que constrói estruturas aparentemente frágeis, magnificamente belas, mas profundamente resistentes.

Os meus braços, a minha alma, estão de portas abertas, esperando sentir-te, aconchegar-te no peito, sentir o beijo doce dos teus lábios de mel, e a carícia suave da tua mão.

Acontece em mim

Doce é o amor que vem dos céus, tranquila é a noite que me aperta em teus braços, suave é a maresia que me refresca o corpo, plena esta Lua que transporta consigo um olhar que se perde nela. Sonhos, receios, desejos e segredos, partilhados numa troca de olhares reflectidos num espelho mágico em tons de prata.
De tudo isto sou cúmplice, ao esconder o Sol, com a sombra do dia, ao polvilhar os céus com estrelas cintilantes, ao transportar o silêncio no meu âmago, ao adormecer a vida nos braços de Morfeu.
Em mim te abrigo, te recebo, te concebo, em mim adormeces para o sonho, despertando numa dimensão onde as sombras são simplesmente pedaços de pouca luz, e nunca escuridão, onde o dia e a noite partilham juntos os mesmo céu, onde os sonhos tomam formas reais.
Entre silêncios, solto as notas duma canção de embalar, uma suave melodia percorre cada momento, não te deixando acordar. Este cântico que murmuro, deixa a tua alma voar, liberta-a, fá-la sonhar.
Acontece em mim, sempre que seguro o tempo na ponta dos dedos, dilatando um segundo até à eternidade, abrindo a porta, deixando passar o mais secreto dos segredos, moldando o mais íntimo dos sonhos, transformando a fantasia numa doce realidade.

Desligo a alma

Vazio imenso, resquícios duma noite em que o sonho não aconteceu, pedaço de vida suspenso do nada, metáfora oca, palavra sem sentido, sentimento sem alma. Abri os olhos com o raiar do dia, no peito o ardor duma viagem sem destino, duma ida sem regresso, dum momento feito de sombras. O Sol queima o olhar que se contrai em espasmos de luz, procuro a sombra, procuro o escuro. Do corpo ficaram os vestígios, da alma ficou a saudade, de mim nada ficou, apenas eternidade. No horizonte a tormenta avança, por mim deixo-me ficar, aqui, no limite entre a terra e o mar, no limite entre o firme e o precipício. No limiar da realidade, quando o sonho não me invade, fica sempre o gosto amargo, fica sempre uma imensidão cheia de nada, fica sempre uma saudade adiada.

Desligo a alma no interruptor da vida, ligo os motores que dão movimento ao corpo, coloco no lugar dos olhos um vidro castanho, ergo-me do chão, numa derradeira atitude de normalidade, e deixo-me ser como os outros, entrego-me à corrente deste rio de gente, ao quotidiano feito de rotinas de tempo, e deixo a alma apagada no fundo do saco! Desperto...

Fico...

...à tua espera, sentado neste banco de jardim, olhando as águas plácidas do lago, esperando pelo tempo, esperando por ti. Não vou a lado nenhum, apenas fico, à tua espera, sinto a tua presença em cada gota de maresia, em cada átomo de oxigénio, em cada sopro de vento, em cada raio de sol. E quando a noite vem, vejo-te, reflectida no brilho de cada estrela, na face oculta da Lua, onde te escondes só para mim.

Fico, aqui, à tua espera, porque o tempo não importa, porque a eternidade absorve os segundos e as tuas palavras alimentam a minha alma, mesmo quando não as consegues fazer chegar até mim. Sei que as escreves, que as pronúncias ao vento, que as sonhas e inventas, na tua poesia, nesse verso em branco, que escreves na areia da praia, no ar que respiras ou simplesmente na alma que é a minha.

Descubro-te, ao olhar a flor, ao sentir o teu perfume invadir o ar que me consome, ao encontrar a tua alma, dispersa entre campos e cidades, entre rios e mares, entre o dia e a Noite. Reconheço-te, em cada rosto que passa, em cada corpo que flúi, nas vozes que se cruzam, nas formas que se projectam na luz do dia, mas, particularmente, descubro-te, naquilo que não se vê, que não reflecte o dia, e apenas na sombra da noite, se transforma, vejo-te reflectida em mim, nesta alma que carrego comigo, a tua, que é minha, que é a nossa.

Digo-te que fico, à tua espera, porque apesar da distância, estas aqui, sentada sobre o meu colo, neste final de dia, esperando a Noite para me abraçares, para te mesclares no meu corpo e possuíres a minha alma, com a intensidade de mil sois, com a força das tempestades.

Eu? Fico!

Sabes...

Aqui, entre as estrelas da noite, onde a luz é eterna, sinto o teu corpo roçar a minha pele, sinto a tua alma penetrar a minha. Aqui, onde o tempo se suspende, entre um segundo e o próximo, onde a vida é realmente viva e a noite eternamente bela, espero, sentado sobre o vazio do espaço, que venhas sentar-te no meu colo, para te embalar no sono perpétuo.

As letras que se espalham sobre a mesa, pedem-me em súplica que as reorganize em palavras, e as palavras soltas que nascem da alma, clamam para que com elas construa frases, os parágrafos em desespero, chamam o meu nome para que os coloque no sítio e os textos, anseiam por encontrar o brilho do teu olhar, para se imortalizarem sobre uma folha de papel.

Quando não estou a escrever, mergulho a alma nos livros, nos textos, em tudo o que me leve até ti. Sei que estás ao meu lado, mas sinto sempre a tua falta, por mais perto que estejas de mim, por mais dentro e mais fundo que te sinta. Ao ler-te, a minha mente ganha asas e os cenários ganham vida dentro de cada página, dentro de cada livro, um mundo novo abre-se e das letras nascem sentimentos, das palavras fazem-se desenhos e de cada capítulo um mundo ganha dimensão, e tu, és a personagem central, em cada carácter que escrevo, em cada linha que leio, em cada momento que te vejo.

Sabes, sinto saudade...

Floresta mágica

A noite cai sobre a floresta, o teu corpo desnudo adormece sobre esta árvore secular, esperas, esperas-me. Chego com a partida do último raio de sol, para te encontrar no perfume desta noite que agora começa. Sento-me, olho-te, vejo-te para lá do corpo dormente, dentro da alma que sonha, dentro do teu corpo transparente, onde os mundos se formam ao ritmo dos desejos. Fico aqui, a ver-te sonhar, mas o meu corpo não resiste à presença do teu, e o desejo de te tocar agiganta-se no meu peito.

Com a suavidade da brisa que te afaga, os meus dedos deslizam sobre a tua pele, sem quase a tocar. Como se fossem lápis de carvão sobre a tela, desenham-te os contornos, curvas e sombras, relevos e depressões, sentindo o calor da pele macia, sentido o palpitar do coração ao compasso de cada segundo. As mãos perdem-se por entre os fios de cabelo, sinto o aroma selvagem que a floresta te emprestou.

Despertas, com a ternura do amanhecer, e descobres-me encostado em ti, sentes o calor do meu corpo colado no teu e os teus braços contornam-me para me aconchegares no teu peito. Sorris, e deixas que a minha boca te beije, colhendo-te o sorriso que me dás. No silêncio imaculado desta atmosfera, escuta-se a música da natureza, que sobressai por entre as folhagens suaves do arvoredo que nos esconde. No alto, a noite comanda o céu, polvilhando-o de estrelas. Aqui, neste abrigo secreto, dois corpos entrelaçados perdem-se nas carícias que o tempo não lhes permitiu, suas almas, metades perdidas, reencontradas, entregam-se numa união eterna que o tempo jamais separará.

No horizonte o dia quer despontar, mas o tempo, aliado da noite, suspende-se para prolongar este momento em que o amor se impõe.

Palavras

O fogo, do Sol que morre sobre a névoa do horizonte, traz-me à lembrança as chamas que a saudade atiça e que aos poucos queimam o meu peito. Já não sei do que sou feito, se apenas de palavras, se alguma carne persiste. Não sei, se apenas a beleza das letras dispostas sobre a tela, sobre a folha imaculada, esculpidas com metáforas, pintadas com cores do arco-íris, te encantam o olhar...

Escondidos por detrás das palavras, um mundo de sentidos, de sentimentos, cresce sem que muitas vezes consigamos perceber. As portas, cujas chaves se encontram sob a forma de enigmas nas letras que te escrevo, esperam que as abras, que entres, não apenas pelo que dizem, mas particularmente por aquilo que sentem.

Quiçá a saudade me deixe triste, talvez a ausência me deixe dormente, mas agarro a esperança, como a última que restou na caixa de Pandora, para elevar a cabeça acima da água e ganhar fôlego para mais um mergulho na profundeza do oceano do teu vazio. Escuto o silêncio da água, sinto o sabor do sal das lágrimas perdidas. A minha visão turva, adivinha apenas a direcção que deve tomar, deixando o instinto conduzir-me na imensidão deste mar.

Hoje sou apenas palavras...

Adormeço

Adormeço, fecho os olhos e deixo que a noite me leve para ti. Sinto os teus braços abertos, esperando-me. Deixo as asas desdobrarem-se e voo para ti. Sinto-te o perfume no ar mesmo antes de chegar, sei que me esperas e que desejas receber-me, queres sentir o calor da minha alma, o sabor do meu corpo, o toque dos dedos sobre a tua face.

Eu, quero sentir o calor da tua mão quando me afagas, quero olhar-te no brilho de um olhar que me ofereces, e sentir a tua alma palpitar sobre o meu peito. Os sonhos indicam-me o caminho, a música do teu espírito é um chamamento, e o brilho dos teus olhos é a luz que me ilumina. Chego, neste sonho feito realidade, como uma estrela que cai do céu, sobre ti, absorvendo cada momento do teu gosto, cada instante da tua pele, cada segundo de ti.

O corpo, dormente da viagem, desperta ao tocar-te, como se mergulhasse em água viva, como se bebesse da fonte fresca, como se voltasse à vida. Ressuscitado, entrega-se, dá-se ao prazer de te sentir, de se fazer sentir em ti. Amo-te, ali, sob o olhar brilhante da Lua, sobre o manto protector da noite, fazendo as estrelas girarem sobre o firmamento, fazendo o céu, deitar-se sobre nós para nos mostrar a cor do paraíso.

Esta noite, como em tantas outras, durmo contigo... sonho, de olhos abertos, e espero, olhando as estrelas!

Universo

Crio, na ponta do lápis, a sensualidade que te adivinho, cubro, com as pontas dos dedos, os espaços vazios de um corpo por desenhar, arrasto as sombras, delineio contornos, fazendo o tempo esperar por mim, suspendendo o próximo segundo com a própria respiração. Cravo as mãos no peito, remexo a minha alma à procura da tua, sustenho-a com a delicadeza de quem segura uma porcelana fina, bela e frágil. Com a suavidade duma pena, deixo que deslize sobre a imagem criada, dando-lhe vida.

Como por magia, vejo-te, por entre as brumas da madrugada, qual pássaro solitário, num voo perdido no infinito dos tempos. Aqui, diante de mim fizeste-te mulher, materializaram-se os sentimentos, a imaginação deu-te corpo e a alma carregou-te de vida, e pôde tocar-te, antes mesmo de te ver, pôde sentir-te, antes mesmo de chegares.

Neste universo paralelo, onde os sentidos dominam a matéria, onde o vazio está completamente cheio, de nós, as palavras são ecos que apenas confirmam a imensidão deste lugar. São os elos da corrente que nos liga, são segredos que depositamos nos braços da eternidade. Por entre todo este espaço imenso, os sinais, as imagens, as próprias palavras são feitos de pedaços nossos, que marcam e identificam, sem erros, os verdadeiros sentimentos que nos unem.

Flor

No brilho das cores de uma flor, deixo-te mil segredos por revelar. Entre as letras que te escrevo dia a dia, religiosamente, guardo os sentidos que apenas a ti entrego, no silêncio da noite, por entre serra e mar, por entre a terra e o ar. As saudades estendem-se pela imensidão do oceano, e a ausência deixa-me a alma sombria, mas a esperança de que o regresso seja apenas questão de um segundo, dá-me o alento necessário para fazer brotar da profundidade dos sentidos as palavras que te alimentam, na distância.

Os perfumes que mesclo, entre essências de vida, tentando recriar a formula mágica que me levará de corpo e alma para o teu mundo, exalam o gosto da tua pele, qual pétala desta flor que te ofereço. O teu corpo longínquo, envia-me, em cada segundo o pulsar do teu coração, a tua alma, dentro da minha, traduz as letras que te emprestam para me escreveres, descodificando os sentimentos que nelas embrulhaste com a seda do teu pensamento.

Espero todas as noites, e de dia, contemplo esta flor, sabendo que existes em mim, como ela existe neste jardim, secreto, onde tu caminhas na beleza das noites, e repousas no brilho dos dias, deixando o tempo passar, reduzindo as horas a segundos para que a saudade te comporte.

António Almas

Mundo secreto

Encontro-te, reflectida no brilho das estrelas que noite após noite iluminam a minha saudade. Encontro-te, dispersa nos elementos, na brisa, no ar que me rodeia e respiro, na água que me molha o rosto e dissimula as lágrimas que não choro, na terra, por onde caminha o corpo perdido de ti, no fogo que alimenta o desejo, a paixão e a alma, que me aquece nas noites frias da planura.

Encontro-te, no beijo inocente das aves, na imensa beleza das suas cores, escolhidas duma paleta divina. No verde das árvores que me cobrem o corpo de sombra nas tardes quentes de Verão. No azul do céu, vazio de nuvens, que marca os limites entre o dia e a noite. Encontro-te, sempre, como se estivesses aqui, como se o teu corpo fosse meu, como se a realidade fosse apenas uma ficção.

Estes corpos entrelaçados, recordam-me um passado distante, quando outros corpos, as mesmas almas, se entrelaçavam para se amar, na noite dos tempos, sentindo a eternidade passar-lhes por entre os dedos. A saudade, percorre séculos, distâncias e momentos, tentando saciar os seus desejos, tentando morrer, por te encontrar. Por entre a multidão, atravessa corpos, perscruta almas, sentindo o ritmo aos corações, tentando adivinhar-te.

Agora, no instante em que encontro perante mim, sinto o teu coração palpitar, sinto a tua alma abraçar-me, abre-se entre nós um mundo secreto que há muito julgávamos esquecido. Não quero deixar-te partir.

É assim que te sinto...

Peço ao céu as nuvens, que com um sopro, esculpo o teu corpo. Peço ao Sol os raios, para transformar nos fios doirados do teu cabelo. Peço à Lua o brilho, que coloco no teu olhar. À Terra peço a cor com que cubro a tua pele. Da noite retiro o véu, pontilhado de estrelas, com que sensualmente te visto.

Do mar retiro a força das marés, com que te animo, da minha alma, retiro um pedaço, e dou-te vida. É assim todas as vezes que te vejo, um quadro, uma escultura, uma criação divinamente bela. Suspensa sobre a bruma da madrugada, chegas para me salpicar a alma com o orvalho da manhã, para me acordar com um beijo suave sobre os lábios dormentes de um sono há muito prolongado.

Acordas-me, com a carícia da brisa suave duma qualquer manhã de final de Verão, e eu, que te esperava desde os confins da eternidade, abro os olhos para contemplar a beleza da tua aura que brilha sobre um corpo inventado num sonho de menino. Acordo, com o sorriso a despontar-me na face, ao encontrar com os meus olhos, os teus, ao encontrar com os meus dedos as tuas mãos suaves, ao encontrar com os meus lábios, o mel da tua boca que me adoça o despertar.

É assim que sempre chegas até mim, mesmo na distância, mesmo na saudade, é assim que te recordo, e é assim que te sinto, sempre presente em mim, em cada despertar, mas particularmente em cada adormecer...

António Almas

Amar-te

A penumbra invade o espaço, o perfume do incenso sobe em espirais de fumo suave, a luz das velas acesas treme agitando com ela as sombras dos nossos corpos desnudos. Deixo os meus dedos escorrerem como água sobre a tua pele clara. Percorrem como o vento, cada curva, cada detalhe de ti. A minha boca, deixa escapar a língua que pousa sobre o teu peito, desenhando sobre ti, como se duma tela se tratasse. As minhas mãos abraçam a curvatura dos teus seios, com a luxúria e o desejo guardado por mil anos.

A música toca tranquila, misturando-se com os perfumes e essências. Os meus olhos prendem-se dos teus, que se fecham para sentir mais profundamente. O teu corpo, colado no meu, estremece de saudade, recordando os tempos em que já me tiveste, em que já fomos apenas um e nos amávamos até à exaustão. Sinto-te chegar em mim, sinto o meu corpo entrar no teu, e a alma dissolver-se na tua como açúcar. Nesse instante, fecho os olhos, e junto-me a ti, para lá dos limites do mundo que apenas os olhos conhecem. Deixo que os sentidos nos levem num viagem atrás no tempo.

As almas vibram ao ritmo dos corpos, em espasmos de prazer, e estes, já exaustos, cedem, suavemente, os corações ganha de novo uma pulsação suave, a música volta para relaxar e distendê-los, enquanto as almas dançam sobre o espaço vazio acima deles.

Esta noite amei-te, como há muito o tempo não me permitia, com a força da vida que o corpo carrega, com a intensidade da alma que há séculos esperava...por ti!

Pranto

Gota, desse mar imenso, onde tudo cabe. Instante, momento, onde a saudade se comprime contra as paredes do tempo. Espaço, exíguo, onde os corpos se unem, se apertam. Alma, enorme, onde os espíritos vagueiam no vácuo perdido.

Letra, minúscula, onde nasce o livro, onde as frases se estendem e os parágrafos são planaltos de onde se avista o fim da página. Palavra, calada, que o vento não diz, que a boca guarda e a mão não pronuncia.

Entre a pequenez do detalhe e a imensidão da ausência, recriam-se encontros entre o que escutamos, sentimos, lemos. Constroem-se sonhos, mundos e quimeras, na ânsia de colmatar as necessidades da alma, a sede do espírito, a fome do corpo.

Gota, lágrima perdida no rosto, pérola salgada do pranto, água, sofrimento e dor, procura o caminho por encontrar, que te levará daqui, até ao teu lugar, no mar, da saudade, esse mar, imenso, que inunda a alma.

Adormece-me, num sono profundo, como se estivesse no fim, o mundo, como se hoje, não tivesse amanhã, ou, simplesmente, já estivesses aqui.

António Almas

Presságio

O vento não transporta notícias boas. Sinto as nuvens da tempestade envolver-me o corpo. Sinto o cheiro eléctrico da humidade do ar. Vai chover... um mau presságio adivinha-se no horizonte, e o murmúrio da tua dor toca-me a alma. Vejo a lágrima que rola pela tua face, e sinto-te o coração apertado, quando o corpo te magoa o espírito.

A minha alma estremeceu, antes mesmo de chegar a mim a vibração dum corpo em queda, antes mesmo da dor do impacto na rocha fria da realidade, senti-te, e escrevi-te sobre a cor do céu da minha alma, sobre as nuvens que o escureciam, sobre a chuva que caia cá dentro... Este instante de antecipação, fruto de a minha alma ser a tua, revela-me a certeza de que o primeiro pensamento foi meu, no instante em que a realidade te atingiu, e a dor dilacerou a carne.

Na distância, sopro fortemente, na direcção da tormenta, que tento com a força que me dás e levo dentro, dissipar as nuvens e fazer chegar a ti, um raio do Sol, um brilho da Lua, para voltar a colocar-te na face, ainda que por um instante, o sorriso, com que me brindas quando estás comigo.

Esperar

Tento adivinhar por entre as pedras o caminho, tento contornar as dificuldades que o destino me coloca, de forma a não esbarrar, não magoar. Evito, as pontas afiadas das rochas, evito perder-me na caminhada.

Por entre a bruma, descubro-me, vejo a imagem reflectida nas superfícies brilhantes, imagino o que está para lá da esquina, tentando predizer o que está por vir. Debruço-me sobre os livros, sobre as formulas, cálculos e profecias, tentando entender o rasto que fica quando passo, a cada passo.

Caminho, pesadamente, sobre cada trecho, sentindo o corpo cansado, a alma carrega-me. Procuro no escuro, a luz de um dia qualquer, procuro na noite, a Lua que teima em adormecer. Longo é cada segundo que arrasta o tempo atrás de mim, como uma corrente que me prende, sangrando-me o corpo, dilacerando-me o espírito como um cilício.

Entrego a esperança carregada entre mão, ao divino, deixando o futuro chegar sozinho, deixando a alma esperar, na beira do caminho, que a venham buscar.

O meu lugar

Para lá do pôr-do-sol, existe a noite. No limite da escuridão abre-se a porta para um mundo diferente, um lugar pequeno, onde o tempo deixou à muito de passar, onde a luz é ténue. Por entre o verde das imensas árvores que parecem tocar o céu dum fim de tarde que nunca acaba, estendem-se pequenas veredas, por entre a vegetação rasteira que povoa toda a floresta. A música constante dos pássaros que cantam por entre o arvoredo, anima o silêncio deste lugar vazio de gente, onde a natureza governa e onde se respira a frescura da magia que paira no ar.

Embrenhada na selva, no meio duma clareira, uma velha casa de madeira, serve-me de abrigo, é aqui que vivo, saboreando esta tarde eterna da vida, que o tempo se encarregou de congelar, entre o dia e a noite, entre o ontem e o amanhã.

Os livros formam pilhas que sobem do chão ao tecto, manuais e manuscritos espalham-se por uma velha secretária de madeira retorcida pelo tempo que nunca passou. As velas, apoiadas em pesados castiçais de ferro, derramam sobre o soalho a cera, formando cascatas de estalactites por entre o tremeluzir da sua própria luz. A cinza do incenso que arde um pouco por todos os cantos, espalha-se como sementes ao vento, com a brisa que se infiltra por entre as frestas das janelas.

No meio desta atmosfera turva e aromática, sento-me, sobre a minha cadeira de baloiço, com papel e caneta, escrevendo um poema eterno, que o tempo não deixará terminar. O corpo imutável de menino, leva o espírito para lá dos limites deste mundo, olhando na distância para o vazio que separa a realidade da ficção, este mundo do outro, onde o tempo corre veloz e a vida palpita. Aqui, onde o tempo dorme, mora a minha alma, qual criança perdida, escondida das agruras da realidade.

Magia

A noite alonga-se na solidão das palavras. Fechado por entre o arvoredo denso da floresta, espero-te. Debruçado sobre fórmulas alquímicas, procuro o segredo que te transporte para esta dimensão.

No céu, as estrelas são faróis que iluminam um caminho há muito traçado, para que não te percas no regresso a esta casa que é a tua. Lá em baixo, por entre as árvores, iluminado apenas pelas velas que ardem nos castiçais, espero um segundo, faço uma pausa, para deixar que o sortilégio ganhe força.

Subitamente, uma luz esverdeada começa a ganhar brilho, uma coluna de vapores sobe em espirais tentando alcançar a noite escura lá fora. A floresta, outrora negra, brilha agora com a intensidade dum relâmpago.

O murmúrio dos meus sentidos ecoa na prece, tentando alcançar os teus sentimentos. Chamo o teu nome que se espalha pela atmosfera como o som de um trovão imenso. Sinto que subitamente os nossos mundos se tocam, as dimensões roçam-se tangencialmente, abrindo-se entre elas uma passagem. Do outro lado vejo a tua silhueta, estendo-te a mão, e tocas-me...

O som do teu silêncio

Quebra-se o silêncio, um grito de libertação rasga a atmosfera densa. A palavra ganha uma voz, e a voz ganha um sotaque, o silêncio abre-se para deixar passar as letras que se projectam da boca e se atiram no ar com a ansiedade de chegar a ti.

Rompe-se a barreira do som, deixo as frases nascer na garganta, quando antes apenas nasciam nos dedos. Este grito, suave, que projecto no ar, em mil ondas de frequência, converte-se na minha própria voz, que te ofereço através dos séculos. Hoje, como ontem, como há mil anos, sentes-me de uma forma diversa, quando entendes as minhas palavras, escutando-as, num murmúrio que te sussurro ao ouvido. Num segredo que te conto.

Rasga-se o véu da penumbra, o som do silêncio espaça as palavras que me dizes. Sinto-te distante, medindo-as, o tempo apagou em ti o fulgor de outrora quando as dizias com facilidade, ou será apenas medo?

Espero, no outro lado do dia, que despertes, para ouvir o som das tuas palavras, e sentir de novo um arrepio de prazer, depois de mil anos de silêncio.

Mar

Caminho, sobre a areia molhada da praia, os pés moldam marcas que deixo para trás, as ondas refrescam o corpo e a brisa desta manhã acaricia-me a face. Caminho, para lugar nenhum, nesta extensão de terra imensa, paralela à imensidão do oceano extenso.

O céu, coberto de nuvens que se entrelaçam rasgando-se aqui e ali para deixar passar os raios do Sol, traz-me à memória imagens do passado.

Caminho, sem destino marcado, o tempo avança a meu lado, companheiro inseparável desta viagem, deixar-me-á pelo caminho, quando as minhas forças se esgotarem e as dele, eternas, o levarem para além do infinito.

Horizonte longínquo, limite do meu olhar, deixa-me adivinhar o que está para lá de ti, para não ter de caminhar, incessantemente, para nenhum lugar. Paro, deixo o corpo cair sobre as ondas do mar, deixo o oceano envolver-me, perder-me, no azul deste lugar, sentir a água cobrir o rosto molhado pela maresia, sentir um arrepio na espinha.

Fico aqui, olhando o fundo, sentindo a vida expirar, o corpo arder, no frio deste mar, deixo-me arrastar até ao leito, para sempre, vou voltar, ao meu lugar...

Pele

Paro os meus dedos a um milímetro da tua pele, percorro-te o corpo, sem o tocar, desenhando, sobre a atmosfera carregada de perfumes de incenso, os traços de que és feita. Sinto, o calor do teu corpo que penetra a minha pele, sem me tocar.

A música, calma, como esta Noite em que nos encontrámos, embala-nos numa cadência morna em que dançamos sem encostar os corpos. A Lua, cheia, penetra pelas frestas das janelas, atravessa os cortinados e projecta-se a nossos pés.

O teu perfume entranha-se no meu corpo, os teus cabelos roçam a minha face, a tua respiração banha-me os ombros, como uma onda cálida que me invade. O espaço, místico, transforma o momento num instante mágico, e, quando as minhas mãos, chegam finalmente a tocar-te, sinto que o teu corpo procura o contacto com o meu, e que nos perdemos do tempo, num abraço suave, que vai ganhando força, até nos esmagar os corpos, como se quisessem fundir-se para sempre num único elemento.

Os meus lábios encostam no teu pescoço, deslizando num beijo que procura encontrar o caminho da tua boca. Os meus braços envolvem a tua cintura, como a brisa do vento calmo que entra pelas janelas. Esta Noite, interminável, sublime, é um instante no tempo em que as almas entregaram os corpos aos seus prazeres, e se abandonaram ao amor...

Semente

Encontraste-me, semente perdida no chão vazio que colheste em tua mão. No solo fértil da tua alma, escavaste e me depositaste. Das tuas palavras fizeste água, luz e calor, e dedicadamente, vieste visitar-me diariamente. Falavas-me, mesmo não me vendo, com a doçura dos sentidos puros que carregas contigo. Ouviste-me crescer, dentro de ti, com a lentidão do tempo que passa de mansinho.

Como um jardineiro dedicado, protegeste-me quando despontei no teu solo sagrado, espalhaste com as tuas próprias mãos o adubo do teu amor, que me fez crescer com mais força. Sobre as minhas folhas derramaste as lágrimas da tua saudade, que me purificou o

espírito. Cresci, na sombra dos teus cabelos, de ti colhi a essência do meu perfume.
O brilho dos teus olhos, iluminou-me as noites escuras, o calor do teu corpo, abrigou-me do frio Inverno e as letras com que me regavas dia após dia foram o alimento que me criou. Hoje, floresço na tua alma, já não sou uma semente à deriva no vento agreste, porque me acolheste no teu âmago, porque me fizeste nascer dentro de ti.
Eu sou a flor, e tu a abelha que vens beijar-me a cada instante, a magia que transformou o momento e que uniu os espíritos, segredo guardado no regaço da natureza mãe, simbiose perfeita da vida.

Eu, tu, nós!

No silêncio da noite, venho revisitar o mar. Este apelo constante das origens, leva-me a querer ficar aqui, no limite entre os mundos, recordando as sensações que outrora tocaram a minha pele.
No céu escuro, a Lua eleva-se, reflectindo a luz do Sol que dorme já para lá do horizonte. O seu brilho, rasga o negrume do oceano imenso que se estende até onde a vista alcança. O marulhar das ondas nas pedras da margem é o único som que se escuta. A brisa do mar invade-me o corpo de gotas salgadas.
O meu olhar desloca-se inevitavelmente para o brilho imenso que paira no firmamento, recordo-me de viagens passadas, sinto uma presença intensa de metade de mim que vagueia no espaço-tempo.
É aqui, no limiar de vários mundos, onde a terra encontra a água e ambas abraçam o espaço que a minha alma se sente mais perto da

sua essência, é aqui que me sinto mais completo, sabendo que também tu me sentes aqui.
Este encontro solitário, eu estou, tu estás, mas estamos completamente sós, apenas as almas estão juntas, os corpos mantêm-se na distância, há espera de um futuro que nos faça regressar ao passado.

Eu estou aqui, tu estás aí, nós estamos lá!

Atrás do tempo...

...deixo-me ficar, na sombra do passado, escondido da turbulência do presente, evitando as vagas do futuro. Deixo que o tempo me passe, me ultrapasse, fico quieto, estático. Com este tempo que passa, observo as imagens de vidas que arrasta detrás de si, um filme desfocado pela sua própria velocidade, fotogramas de instantes em que o próprio tempo se suspendeu, uma pausa na agitação da corrida.
Deixo-me ficar, aqui onde o Sol já iluminou o dia, e a Noite é exclusivamente o remanescer do que ficou de mais um dia. Sento-me, como se conduzisse um carro, com a singular diferença de que não me movo, apenas o que está à minha volta se atarefa em passar. Esta viagem, atrás do tempo, oferece-me a possibilidade de rever os momentos, de perceber os tormentos, de sentir de novo, duma forma inversa o que é ir da dor à alegria, da ausência à presença, do vazio ao cheio.
Espero, neste regresso à origem, nesta viagem sem movimentos,

voltar a ti, no lugar onde nos deixamos, ouvir-te de novo, e sentir que no teu olhar a esperança de outros tempos, é muito superior á derrota do presente. Espero, poder demonstrar-te que não é baixando os braços no presente, que alcançarás no futuro tudo aquilo que já tiveste no passado.

Volto, de regresso atrás, ao lugar onde as nossas mãos se separaram pela última vez, para voltar a tocar-se no próximo futuro...

Escuto

Escuto o silêncio da noite, as nuvens desceram do céu para me vir fazer companhia, a chuva veio molhar-me a pele sedenta desta água que cai do céu. Sei que me olhas através do tempo, sei que me sentes através da Lua. Escuto o teu silêncio, as palavras que escreves sobre o papel branco da vida. Escuto, o silêncio da tua voz quando me falas ao ouvido, no compasso tranquilo das palavras, na suavidade quente da tua voz.

Escondido por entre as árvores, coberto pelo nevoeiro que me aconchega o corpo, sinto os teus braços em redor do meu corpo. Desces sobre mim, com os fios de seda com que desenhas sobre os abismos, envolvendo-me, com a ternura que te sinto na alma, embalando-me num sono profundo onde sonho contigo.

Levas-me, como se tivesse asas, para lá da última estrela, numa viagem eterna de regresso à casa que construímos atrás no tempo, onde crescemos e nos amamos, mostras-me, neste percurso intemporal de circum-navegação, o futuro, feito de momentos do

passado que o presente nos oferece na bandeja do tempo.
Beijas-me, demoradamente os lábios, recebo o sopro da tua vida, e as bocas perdem-se para sempre num instante de amor.

Sensualidade

Sensualidade, do corpo que a Lua ilumina, do brilho suave que a pele irradia. Nuance de cores esbatidas contra o negro da Noite. Beleza dos contornos que as concavidades ressaltam ao olhar.
Luar, tatuado na pele, imagem de mulher. Na pureza desta água que te reflecte, que se cola e te envolve, entrego os meus dedos, que igualmente te abraçam, sentindo cada milímetro de ti.
Este pano translúcido que te cobre, deixa-me adivinhar o que não me queres esconder, deixa-me sentir o que queres que sinta, o teu corpo de cristal, solta a luminosidade da tua alma, que se reflecte, neste espelho de água.
Menina, mulher, feita de sonhos, vestida de nadas, na incessante procura de tudo. De olhar distante, e pensamentos profundos, voas, como o vento, procuras com o desejo de já haver encontrado. Nos teus olhos vejo o arco-íris que nas manhãs de Outono corta o negrume das nuvens, anunciando a esperança do céu azul, nas tuas mãos sinto a ternura de quem sente para lá do coração, nos teus lábios procuro a doçura que a vida, amargamente, me tem roubado.
Menina, mulher, em teu corpo desnudo me deito, te amo e adormeço, nasço, no teu ventre, de novo...

Silêncio

Silêncio, a madrugada desperta o dia, acorda-o do meio da Noite, o horizonte ganha forma sobre uma linha que separa o céu da terra. As nuvens ganham tons de cinza, restos do fogo que se prepara para surgir sob a forma de uma estrela incandescente.

Silêncio, a manhã surge, em múltiplas cores, sobre o firmamento pálido de um novo dia. O ar fresco envolve as plantas que dormentes, se agitam, na brisa. As montanhas descobrem-se por entre mantos de neblina, que rasgam com as suas pontas afiladas.

Silêncio, pássaros, batem asas, mergulhando no azul claro do dia, reinventando a gravidade, numa cadência tranquila, como se estivessem pendurados por fios de coco. Deslizam, cortando o ar, penteando as penas, olhando a vida duma perspectiva divina.

Silêncio, a vida recomeça, agita-se em convulsões dramáticas do quotidiano, num mundo vazio de sonhos, cheio de falsos ideais de perfeição. As gentes falam sem se ouvir, pensam sem existir, numa amálgama de carbono contorcido.

Silêncio, ausento-me por um momento, entro e fecho a porta, sento-me na sala deste mundo que é meu, que invento, que decoro como as letras de uma canção que ainda não escrevi. Silêncio, feito de palavras que te escrevo, como directrizes, um mapa secreto, que só tu sabes ler, para me encontrares, para te perderes.

Visita

O corpo adormecido sobre a cama, agita-se, sente-se a despertar, os olhos, cerrados pelo sono, abrem-se na escuridão do quarto, olho o relógio, é madrugada. Levanto-me, fico sentado no silêncio da noite. Sinto-te, aqui, mesmo ao meu lado.

Debruças-te sobre o baú da minha alma, abre-lo, e ficas a contemplar a luz que vem de dentro, deixas-te ficar, perdes a noção do tempo, enquanto me tatuas no corpo ausente as palavras que libertas da tua alma.

Sinto que estás dentro de mim, que trilhas os caminhos da floresta secreta, que perscrutas os recantos dessa velha caixa, onde deixei um dia a esperança fechada com a alma. Sinto, o calor do teu corpo mesmo na distância que o separa de mim, como um raio incandescente que nos liga.

Volto a deitar-me, sobre os lençóis, sei que me chamaste, e vou confirmar esse chamamento ao romper do dia, não porque não tenha a certeza de que eras tua, simplesmente porque tenho saudades de ti.

Salto

Na beira do abismo, no fio da navalha, encontra-se o equilíbrio para evitar a queda. Caminhasse em direcção ao nada, com a certeza de que uma leve brisa nos fará precipitar como chuva forte em início de estação.

A água à nossa frente, é um apelo ao desequilíbrio, o vazio abaixo

dos pés pede-nos que avancemos só mais um passo, a frescura do ar que nos envolve quer sentir o corpo veloz a deslocar-se.
Mas, há sempre um momento de racionalidade, em que a mente se sobrepõe ao espírito, em que a vida se impõe à libertação do corpo, e não nos movemos, nem um passo, com medo de cair do precipício.
Num instante de coragem, avançamos, deixamos para trás a segurança do momento anterior, e saltamos, deixamos o corpo em queda livre, pressionado pela gravidade, ganhar velocidade, enquanto a alma se perde, acima, no ar, para mergulhar mais tarde ao encontro do seu cárcere.
Nos instantes que precedem o contacto com a água, fresca e tranquila, sentimos a brisa que se fez vento, contornar-nos a silhueta, sentimos as asas crescer das costas, somos livres para voar sobre o nada. Estende-se o corpo, que se afia como uma faca, prestes a cortar a água, e mergulhamos, neste mar inventado de azul celeste, nesta piscina de águas outrora plácidas que agora nos recebe e se agitam, para um relaxante mergulho de fim de Verão.

Menina, mulher

Sinto ainda, o calor dos teus dedos que desenham os meus, sinto ainda o perfume da tua pele que penetra na minha, sinto ainda o brilho do teu olhar, escondido, que me entra pela alma, sinto ainda o gosto da tua boca, no beijo trocado, por entre lábios.
Escuto, a tranquilidade da tua voz, plácida ternura do teu jeito, mulher, menina, sorriso aberto que os lábios escondem. Olho-te, na

distância deste instante em que o teu corpo foi o meu, entendo, no momento, tudo aquilo que se fez de palavras escritas e hoje se faz de palavras sentidas.
Menina, mulher, sinto ainda a textura dos teus cabelos roçar-me o rosto, o calor dos teus braços dançando sobre o meu dorso, a chama que arde, quando o teu corpo toca no meu.
E tu, adormecida, recebes-me, de braços abertos, com a inocência da infância, com a certeza da adolescência, com a segurança da maturidade, tranquila. Embalada num sono suave, no mar das minhas mãos deixas o teu corpo, para te abraçar, deixas que a minha pele seja maresia, para te molhar, deixas que a minha boca seja fonte, para te dar de beber.
Neste sonho da realidade, dormes, sentindo-me, como este nevoeiro que me abraça o corpo, que abraça o teu, sempre.

Momento

O sol acorda o dia, deixando-te adormecida sobre o leito de pétalas. O teu corpo, coberto de maresia, é um pedaço de mar, um lago tranquilo que me recebe nesta manhã. A tua alma, escondida em jardim secreto, deixa-me, nas marcas da saudade, o mapa que sigo para poder encontrar-te.
Ardo, no ciúme desta ausência, na recordação da tua boca, no vazio desta distância, fazendo-a compensar com o sonho, que se deita comigo, e me faz acordar na tua dimensão. Sinto, na minha alma, o calor da tua mão que nesta manhã fria, vem confortar-me o espírito, enquanto dormes, na suavidade do ninho que te esconde o corpo

que quero, meu.

Dispo-te, peça por peça, descobrindo-te os segredos, escondidos, as marcas na pele, os sinais que fazem de ti a diferença dos outros.

Voo, sobre a ternura da tua suave pele, absorvo as essências que me dás a beber e saboreio-te, em cada recanto de ti. Os meus dedos, descobrem os caminhos secretos desse corpo que te esconde, penetram na intimidade de ti, e acordam o vício dos prazeres que a alma à muito não recorda.

Estremeces, acordas e sentes-me, dentro de ti, olhos, sobre olhos, corpo, sobre corpo, a pele arrepia-se de prazer, num instante pleno em que nos encaixamos um no outro como duas peças dum mesmo puzzle.

O tempo

Espero pelo tempo, que passa devagar, resisto a enfrentar a dura realidade. Percebo, entendo, descubro e lamento a ignóbil natureza do Homem. Cada segundo martela-me a alma na longevidade que a vida me impõe. Sinto o sufoco do ser perante o arresto do corpo.

As grilhetas do quotidiano arrastam-se a meus pés, implorando-me que fique, para que massacrem ainda mais o corpo. Cansada, a alma perde as asas, entrega-as, devolve-as, para não mais visitar as ilusões dos sonhos de que se alimentava.

Quero devolver o corpo, qual fato alugado em vésperas de festa, mas ninguém o quer receber. Quero partir, comprar um bilhete de ida, para não mais voltar, mas a realidade nega-me a vantagem de poder voar para lá do horizonte, nega-me a tranquilidade que o

corpo clama, nega-me tudo, porque afinal apenas me cabe nada.
O tempo pára, entre cada segundo, para me recordar que tenho de senti-lo passar, na pele, na vida, na dor que provoca ao riscar-me a face, ao quebrar-me o corpo, deixando-me curvado sobre o próprio peso da realidade. Esta noite não sonhei, apenas não dormi, porque a alma sangra ao perceber que este não é o seu mundo.

Jardim

Nesse jardim encantado, onde passeias a magia que carregas contigo, espalhas no ar as fragrâncias da tua pele. Esse manto enevoado que te esconde o rosto, torna-te num ser quase irreal. Nesta floresta misteriosa, onde sempre te procuro encontrar, a frescura do denso arvoredo, contrasta com o brilho da tua pele.
A música dos pássaros que adormecem no teu jardim dilui-se na atmosfera enigmática de um mundo criado à tua imagem e semelhança. A beleza que em ti é única, expande-se por esse teu universo, e tu, qual princesa desacordada, caminhas, suave, sobre as folhas amarelecidas deste Outono que vai chegando.
Entre a bruma, sinto o palpitar do teu corpo, e a tua alma trespassa cada ramo, cada folha, fazendo-se presente em cada flor que ilumina o caminho à minha frente. Aqui, a noite nunca é completamente escura, e o dia, nunca é completamente luz, este equilibro que advém do fundo do teu ser, é o relógio que marca o tempo, neste lugar escondido, no fundo da tua doce alma.

Gotas de chuva

Acorda o dia com cheiros de Inverno, o Sol, tímido, apenas se faz notar por entre a folhagem húmida da minha floresta. Estou à muito acordado, esperando que o dia chegue. Cruzei a noite, que se vestiu de mim, na plácida tranquilidade do seu silêncio. Espero agora pelos sons do dia.

O cansaço massacra o corpo, mas o espírito sempre desperto, não cede, força-me a estar acordado, mesmo quando estou a dormir. Durante o dia o homem onde vivo, labuta, incessantemente, de noite, a alma que nele habita, deixa o seu corpo dormir, fazendo-o estar acordado para sonhar.

Encontro a paz, no silêncio das manhãs frias de Outono, nos dias chuvosos de Inverno, ou, na calmaria das noites de Primavera. Sempre aqui, sentado no meio da floresta encantada, sob a sombra destas árvores milenares, olho os dias e escuto as noites, que passam, nesta dimensão fantástica que caminha par a par com a realidade, sem se tocar.

Espero pelas primeiras gotas de chuva, que hão de lavar-me o corpo, limpar-me a alma e adormecer-me o espírito, para que se purifique e renasça para um novo momento de vida.

Prazer

Noite, aquela em que o teu corpo se despe na penumbra. Exaltam-se os perfumes de incenso ardente, na atmosfera fechada deste hemisfério. Acordam-se os sentidos, arrepia-se a pele ao ritmo da música suave que toca sem cessar.

Noite, aquela em que te toco, em que meus dedos desenham o teu corpo nu. A língua percorre as concavidades, absorvendo o sal da vida. A respiração, compassada, acaricia-te, numa onda quente que te trás à memória o mar dos sentimentos.

Esta, noite, em que te dou, te ofereço, o meu corpo despido, acordado dentro de um sonho, recebo os fluidos do teu corpo como uma bênção divina do prazer que tenho em te amar. A boca, devora-te com a suavidade dos lábios que te percorrem o pescoço. Os dedos desenham sobre a pele círculos de prazer.

Escuto, a tua respiração ofegante sobre o meu ouvido, os corpos, em espasmos frenéticos, crescem, soltando-se das amarras da gravidade. Evapora-se o perfume da pele, deixando as almas dançar sobre nós, na envolvência desta atmosfera de luxúria e amor.

Noite, esta, em que te amo o corpo, em que te afago a alma.

Perfil

Surpreende-me a saudade. Surpreende-me o teu rosto de perfil. Descubro em cada imagem uma pessoa nova, um momento diferente, uma expressão especial. A mesma cara de menina, reflectida num espelho d'alma.
Saudade que tenho, dos lábios ternos em que forçadamente encerras o sorriso. Desenho perfeito do criador, momento suspenso em que reflectes a alma numa imagem estática do teu mundo interior. Surpreendente este perfil, que imprimo, vezes sem conta na memória do tempo. Que guardo em mim como recordação última de um momento não vivido.
Os pensamentos voam, mesmo na suspensão da imagem, deambulam sobre a tua cabeça, sentem-se na distância de quem te vê, e te sente, como não se sente mais ninguém. Rosto plácido, que esconde a guerra que grassa por dentro, tranquilidade plena que abafa a azáfama de uma alma em constante busca, em constante pesquisa de si.
Esta noite, tem saudades, saudades de ti.

Morrem as palavras

Morrem as palavras na ponta dos dedos. A realidade faz os sonhos soçobrar, em vagas de sangue na areia da praia. O corpo exausto da batalha, abandona-se ao último suspiro. O ruído angustiante das armas que se arremessam contra os corpos já dilacerados, desfazem a mente, diluem a alma que se esvai num rio.

À beira do fim, entrego-me ao inferno da realidade, deixando dissipar as essências de mim no ar acre que se respira. O fumo que me arde nos olhos, derrama sobre a terra as últimas lágrimas, tenras saudades da criança que fui, amargas vitórias do homem que deixei de ser, rasto de esperanças perdidas.
Sucumbe a pureza do espírito à malvadez dos interesses, num jogo em que todas as peças valem, em que os sentimentos não fazem já qualquer sentido. Morre-se por qualquer coisa, mata-se por nada, deixando atrás das costas os valores, até os mais maternais, até mesmo os de protecção da prole.
Hoje, morrem-me as palavras na ponta dos dedos, dão lugar ao sangue que me escorre pelos braços, fruto de profundas feridas, numa guerra inglória contra o vazio, contra um inimigo que mora dentro dos nossos próprios muros.

Anjo

Iluminas a noite, no meio da tempestade. Passas incólume por entre raios e trovões, no meio da chuva, no meio do nada. És farol que me guia na escuridão, porto de abrigo, Lua que rasga as trevas da noite para me mostrar o caminho.
Em teu rosto encontro a placidez e a tranquilidade que por momentos a minha alma perdeu. Em teu corpo, encontro um amplo e terno lugar para me deitar, nos teus cabelos o perfume da vida, os tons da luz, em teus olhos um mar, de águas mornas, e lágrimas salgadas, onde mergulho para me encontrar.
A chuva que te molha o corpo, não apaga, do teu olhar, o brilho dos

sonhos que transportas agarrados na capa que te envolve e protege da realidade, do mundo lá fora. Tu, destino traçado a raios de luar, caminho encantado por encontrar, és o anjo que me guarda a alma, me afaga o corpo dormente, quando a noite se escurece no meio da tempestade.

Meu anjo da guarda, mantém sempre essa chama acesa, para que possa te encontrar, nos dias, em que as noites são demasiado escuras para sozinho caminhar, vem, acompanha-me, sempre, para sempre.

Noite de amor

Rasgas o silêncio com um gemido quando o meu corpo penetra o teu. Vejo-te nos olhos o brilho do prazer por mil anos contido. Sinto o calor do teu âmago cobrir-me o corpo, devagar, fazendo-me revirar os olhos de luxúria.

Perdem-se os dedos em carícias, despindo-te cada pedaço de pele. Encontra-se a boca, com a tua, deixando que as línguas se abracem. O ar é invadido pelo perfume dos corpos que em movimentos lentos se amam na calma tranquila desta noite.

Murmuro-te ao ouvido as palavras que me pedes para te dizer, os lábios percorrem os teus seios, roçando suavemente os mamilos erectos, provocando-te um arrepio na pele. A libido empenha-se em fornecer-nos estímulos vários e a paixão incendeia-nos os corpos.

É já madrugada, e o dia teima em ganhar tempo à noite, quando sinto o teu corpo aproximar-se do êxtase, entrego-te o meu, que junto do teu, se estremece num espasmo mágico, soltam-se as

vozes em lânguidos gemidos, o sal dos corpos mistura-se com o perfume inebriante desta atmosfera que criamos.
Faz-se luz, na penumbra da madrugada, nos teus olhos, vejo nascer a aurora de um novo dia, muito antes desta acontecer, contrais-te, e, depois, distendes-te, esta longa noite, oferece-te agora os meus braços, adormecemos, colados, um no outro.

Vida

O corpo arrasta com ele a vida. Segue, para lado nenhum, sabendo já o seu último destino. Inspira, expira, em cadências de tempo que mantêm acesa a chama que reside dentro de si próprio. Renova-se o ciclo, em cada acordar, renasce o dia em cada palpitar. Bate-lhe o sangue pelas veias ao ritmo do segundo, ao impulso do coração que o anima.
Arrasta a alma o corpo, na esperança da libertação, empurra-o, ensina-o, adapta-o às vivências, e serve-se dele para sentir, para ser palpável, para existir. Nesta relação entre hóspede e hospedeiro, vivem, abraçados a um destino, até que as forças cedam e os laços se quebrem.
Bate o relógio, ao ritmo do tempo, que se gasta, que passa. Esgota-se a vida, a cada segundo. Seguimos em frente, corpo e alma, na esperança que subitamente cesse o contracto que nos une, dando lugar a uma nova reconversão. Cada qual ao seu destino, entregam-se numa parceria que não escolheram, presa a compromisso e regras que a própria vida lhes impõe, deixando-se amarrar mais e mais a cada volta, a cada esquina, a cada encruzilhada.

Chega o fim de dia, instante de libertação, em que cada um se resigna ao seu mundo. O corpo adormece, cansado da jornada, a alma, solta-se, para pairar no etéreo infinito do céu da noite escura. Separam-se os mundos por breves momentos, no sono, nos sonhos.

Reminiscência

Retrato de um tempo que foi. Resquício de saudade impresso na alma. Momento suspenso do céu, num instante em que o próprio tempo parou. Reminiscência de vida, uma outra qualquer já vivida.
Forro a alma com quadros encerrados em retábulos dourados, memórias de várias vidas, instantes tantas vezes repetidos, imagens de muitas gentes, sendo apenas eu próprio entre todas elas.
Vejo-te, através dos tempos, com rostos diversos, com formas mais ou menos definidas, vejo-te sempre mulher, porque de mim és a parte inversa.
A cada esquina escusa, vislumbro na penumbra a sombra do teu corpo tantas vezes modificada. És escultura inacabada, que me foge das mãos, barro enobrecido com pedaços de luz, com pedaços de ti.
Reminiscência, paisagem fotografada por ti, passado, resguardado por mim. Futuro, premonição, ou simplesmente saudade, ansiedade, magia e algo mais, muito mais, complemento, fusão, absorção.
Reminiscência, sobrevivência, memória criativa que te leva a regressar ao lugar de partida, fim de ciclo, novo ciclo, morrer e nascer de novo, tantas vezes quantas as necessárias para refinar o prazer de ser, de estar, contigo...

António Almas

Etéreo

Escondes-te por detrás da luz, na sombra do negro que a noite te aporta. Tapas o olhar com véus de seda, por onde vislumbras a realidade, na calma placidez do teu esconderijo. Espreitas de soslaio a vida a passar-te pelas veias, instigas com teu olhar felino o ambiente à tua volta.

Profundidade, distância imensa que te separa o início do fim, buraco sem fundo onde te ocultas da luz incandescente da realidade. Profundo, o teu sentir, instável o teu querer, variável a forma que ganhas no brilho do dia, quando o Sol te queima a pele, escura, como a própria Noite.

Energia, disforme, instante de luz negra que ressalta a pureza que te habita, alma, perdida, vagabunda de um tempo que deixou de te passar, esquecida, escondida, deixaste-te ficar. Luminosidade incandescente, que cega a crua vida mundana, abre os portões do paraíso a quem quiser apenas espreitar. Loucura insana, que desperta a lógica e a faz parecer completamente desencontrada, és tu, o louco perdido na penumbra, escondido, fugido de ti e de todos os outros, de nós.

Alma imensa, feita das estrelas que habitam a noite. Perfume de acácias, essência fantástica da pureza, do espírito livre, liberto da prisão de mil corpos, voando, sobre o Sol do entardecer. Ser incompreendido, na incessante busca de si próprio, da plenitude que se te escapa por entre os dedos como a areia do deserto.

Ganha a paz, minha pobre alma, repousa e deixa-te ficar, aí, escondida, no teu lugar!

Levas-me

Nesta teia que me abraça, me envolve e me sustenta, deixo ficar o corpo, despojado de alma. Esta, a tecedeira levou consigo. No emaranhado perfeito de fios, deixou apenas envolto na mortalha o resquício daquela prisão que me sufocava.

Liberdade, às mãos da beleza, entrega sublime, ao abandono deste pedaço de carne que me asfixiava. Deste-me as asas num sobro de vento, não eram de cera, suportaram o peso, deixaram-me voar para além do nada.

As palavras voam ao lado, como a brisa que me afaga as penas feitas da mesma seda com que me capturaste, com que me entreguei, na suavidade do teu encanto, na doçura do teu canto.

Sobram as letras, reminiscências do que não foi dito, escrito ou escutado, elevam-se os sonhos, na ânsia infinitamente real de os tornar palpáveis.

Levas-me, a essência, para sempre, deixando atrás, pendurado sobre a renda que teceste, o corpo vazio de algo que nunca foi mais do que a sua mísera existência, levas-me, a mim, contigo.

Esta noite, enquanto dormias

Chego, nas asas da noite, perdido na névoa que te esconde. Venho visitar o teu corpo, carrego em mim a tua alma. Venho abraçar-te, envolvendo-te no âmago do meu peito. Venho amar-te, com a suavidade das penas que me cobrem.

Noite após noite, madrugada dentro, pouso na janela do teu quarto,

abandono este hospedeiro que me trouxe e, de alma solta, venho deitar-me em ti. Absorves-me no teu respirar lento, adentro-me no teu corpo seguindo o caminho que apenas eu conheço.
Encontro-te a alma, que amo na plenitude dos sentidos, sinto o teu corpo agitar-se sobre os lençóis, sempre que a minha alma penetra a tua. A carne reage à estimulação dos sentidos, a respiração acelera, mas a mente continua a dormir, ao ritmo de um sonho.
No horizonte a noite desbota-se, e o dia começa a raiar. Abandono o teu corpo cansado, numa expiração suave. Tomo as asas emprestadas à pomba, branca, que me espera no beiral, e regresso, cruzando a alvorada, ao lugar dos sonhos. Esta noite, como em todas as outras, foste minha, enquanto dormias.

Hoje, chove lá fora

Chegam as chuvas, e com elas o frio do Árctico. Fecho-me, sobre as pétalas da flor, hiberno, no longo Inverno da vida. Este é o tempo em que a alma se solta, deixando o corpo inerte, entregue à sonolência de um abrigo qualquer.
Abandono a casa que me acolhe, para divagar pelo espaço gelado dos dias curtos da minha ausência. Procuro, no ar, as fragrâncias, o perfume da terra molhada pela chuva que caiu. Água, abençoada, caída dos céus, acalma o calor dos corpos, lava a pureza das almas, recriando um novo ciclo.
Germina a semente, renasce a erva adormecida na terra seca do Estio. A vida recomeça, lentamente, como os sonhos que adormecem naqueles que se escondem nos abrigos, do frio intenso

desta nova era. A natureza recria-se em paisagens ternas, de um verde que começa a despontar.

Hoje, chove lá fora, o corpo dormente, sente o calor dos sentidos que me ofereces para me alimentar a vida, a alma, solta a energia, que se propaga pelo Universo imenso, atingindo cada recanto de ti, cada sombra da tua alma.

Mar da saudade

A névoa confunde-te o olhar, atraiçoa-te os sentidos levando-te a confundir as imagens. O silêncio existe quando a voz se cala, mas não persiste quando a alma fala. Este Inverno antecipado, é sinal apenas que a chuva começou mais cedo, não que o sonho esteja a soçobrar na praia da realidade.

Gosto da envolvência desta maresia húmida, que me gela os ossos, que me afaga a alma, gosto deste nevoeiro intenso que me limita a visibilidade do real, ampliando-me o olhar da alma, potenciando os sentidos, levando-me nas asas do desconhecido.

Podes sempre descobrir-me, onde quer que esteja, por entre estas nuvens baixas que me molham o corpo com gotículas de saudade, basta, para isso, não fechares a alma, deixares o farol acesso na noite escura, sinalizando a tua presença, marcando com um raio a escuridão plena.

Perdem-se as letras em vagas de pequenas palavras que se esbatem nas rochas da orla, procuram desgastá-las, transformá-las em areias finas. Quero criar aqui uma praia, por entre estes rochedos imensos, onde possas repousar o teu corpo, sempre que o mar da minha saudade para aqui te arraste.

Musa

Silêncio da minha noite, ninfa encantada, simples mulher, corpo divino. Em ti venho beber, em ti me alimento. Direcção, sopro e imaginação, procuro, encontro nas curvas suaves do teu prazer. Sentidos despertos, encantos descobertos, palavras perdidas em letras escondidas nos recantos mais secretos.
Desenho-te com a mente, no vento que passa esculpo o teu corpo, no escuro escuto a tua voz que me murmura as frases que escrevo. Êxtase, sensualidade, paixão, perversidade, a todos os lugares me levas, em todos os instantes me abraças, mas, apenas por um momento me deixas tocar-te.
Visitas-me nos sonhos, nas noites frias, nos dias vazios em que o nada se estende pela alma fora. Matas-me a sede, dás-me de comer, consolas e afogas-me nas emoções que me despertas. Sacias-me, e deixas-me morrer, da fome dos teus lábios de mulher.

Suspenso

Tempo, suspenso. Parado, fora de ritmo. Os ponteiros da eternidade pararam, gelados pelo imenso e frio espaço vazio. Não é dia, não é noite, é uma alucinação temporal. A vida suspende-se, abraçada por cristais de neve, o ser, já mortificado, deixa-se envolver nos braços da eternidade.

Um dia foste semente, um dia foste árvore e fizeste sombra sobre aquele jardim, hoje, és folha, morta, repousas sobre o gelo. Não serás cinza, pó e nada, porque te envolveste na mortalha gélida da eternidade. Serás um dia, descoberta, testemunho de outros tempos, fóssil, um recado do passado, em direcção ao futuro.
Assim é a alma, que tanto corpo veste, que tanto Homem possui, não ficando em nenhum. Filha da eternidade, mãe da luz que aquece o peito e lhes dá vida, caminhante tranquila, na vastidão do deserto, na incomensurável longevidade do tempo, que passa, sem nunca se mexer.
Aprendes, absorves e escutas, em cada hospedeiro. Escreves a história que arquivas nas imensas bibliotecas por onde te perdes. Falas, ao coração das gentes, em murmúrios suaves, ensinando-lhes também sobre aquilo que são.
Suspenso, entre um segundo e o outro, espero, na eternidade deste momento, pela sublimação do ser.

Anjo imaculado...

...que me proteges nas brumas da noite. Que me abraças com tuas asas, que afagas a pele despida. Anjo branco, beleza divina, encerrada em meus sonhos de criança, acompanha-me, leva-me pela mão, por todos os caminhos não trilhados desta vida.
Espera-me, não te afastes, tenho medo de perder a luz. Assusta-me aquela escuridão onde me encontraste. A chuva fria, escorre-me pelo corpo, o vento intenso, fustiga-me até tocar a alma, desprotegida da tua presença mágica. Vem aí a noite, e as nuvens

da tormenta agigantam-se no horizonte.
Anjo, que me guardas, me aguardas e iluminas na noite escura dos tempos. Tábua da salvação encontrada à deriva no mar tempestuoso da vida. Deixa-me apoiar em ti, salva-me do afogamento que me levará de volta às profundezas do abismo.
Renova-se a vida em redor, neste ciclo infindável, em que do fim se faz o princípio. Prolonga-se o tempo, e a alma aprende em cada ciclo. Espero-te, anjo imaculado, a cada renovação, para me entregar no teu regaço.

Mar d'almas

Sempre a subir, caminho em direcção ao tempo, que pacientemente me espera no cimo. Desfolho as pétalas duma rosa, que suavemente se aconchegam ao chão. Escuto, a melódica sonoridade da flauta que me trás à lembrança os campos verdejantes onde menino me perdia.
Do bolso da camisa, pendem imagens de instantes captados lá atrás, no tempo do passado. Retratos de mim, que já mal me lembro, mas que insistem em caminhar comigo. Nesta suave mas longa caminhada, sinto o sol aquecer-me a face, o frio do Inverno da vida perseguir-me, provocando-me um arrepio na espinha.
Desfazem-se as roupas, que me cobrem, em pó. Uma súbita leveza parece carregar-me ao colo, deixo de mexer os pés, no entanto continuo a avançar. O Sol parece ter ancorado no meio do caminho, brilha com uma intensidade imaculada. A paisagem que me acompanhava, dissipou-se por entre as nuvens, a claridade invadiu

todo o meu campo de visão e o meu corpo dissolveu-se no ar, carregado de aromas adocicados.

Uma sensação de tranquilidade invadiu-me a alma, quc flutua agora, disforme, em raios de luz. Vejo imensas outras luzes que se movem, a sua voz chega até mim, escuto-as, cumprimentam-me, abraçam-me sem me tocar.

Estou em casa, regressei ao lugar de partida, mergulhado neste mar de tantas almas, deixo a minha flutuar entre elas.

Ondas

Ondas, que soçobram na praia da vida. Instantes em que me elevo do mar tranquilo e o revolto contra as rochas despidas. Momentos, em que me afundo nas concavidades deste mundo, me afogo, me destruo, com violência sobre a parede do cais.

Ondas, oscilações da estabilidade, altos, baixos, remoinhos e embaraços. Entrego-vos o corpo perdido, num oceano de sentidos, para que o agitais, para que o despertais, ou, simplesmente o deixais afundar-se, num mergulho perpétuo, em direcção ao abismo, ao incerto.

Ondas, de vida, espasmos de prazer, que alvoroçam os sentimentos, que fustigam a alma, que desperta com o seu ímpeto, para um mar de desejos. Entrego-vos o espírito, para vos navegar a crista, para abraçar os ventos que vos impulsionam.

Ondas, reflexos do impacto, de um ser inerte contra a superfície estável do lago. Abraçai-me, amortecei-me a queda, embalai-me num sono profundo. Entrego-vos a vida, em troca da eternidade, da pureza das emoções, das ilusões e dos sonhos que em mim despertais todas as noites em que vindes morrer no meu cais.

Sereia encantada

O mar, bramindo, chama o teu nome. Agita-se no seu marulhar, querendo encontrar-te. Nesta longa enseada em que se transforma a vida a uma dada altura, espero-te, sentado sobre as rochas. Volto aquele lugar onde um dia te encontrei, esperando que voltes, para descansar duma qualquer tempestade que assole o teu oceano.
Comigo carrego os sons, os hinos, as palavras tantas vezes escritas, os instantes em que do nada te fizeste mulher. Sinto ainda o toque dos teus dedos de menina, o perfume do teu cabelo quando tocava a minha pele. Terá sido um breve instante, mas será eternamente o momento.
Entregaste-te ao mar, sem tábua de salvação, deixaste que ele te levasse, te possuísse, te fizesse sua, sereia. Encantada com o perfume das suas águas, deixaste-te afogar nos prantos que te escondem, nadaste para dentro dum silêncio que apenas as tuas canções conseguem quebrar, a intervalos de cada vaga imensa que vem morrer na minha praia.
Espero-te, aqui, sentado na beira do teu reino, no papel feito de palavras que te escrevo, desenho-te, mulher, sereia encantada, a traços de luz pintada.

Fantasia

Do início dos tempos, transporto o mito, a fábula, a história, como livro esquecido nas prateleiras da memória. Venho, pelo longo caminho, andando, deixando em cada árvore, em cada arbusto, pedaços da vida, retalhos das memórias, histórias, ou simples contos. Atravesso os séculos, com passos lentos, distribuindo fórmulas, mezinhas e unguentos. Entrego, em cada livro um destino, em cada prece um lamento.

Cruzo-me, com tantos trilhos e tantas vidas, encontro, companheiros de viagem, que carregam com eles a própria história dos homens, escuto-os, aprendo. Não viajo sozinho, acompanha-me a sombra que a luz projecta atrás de mim. Componho com as palavras que invento, as histórias que ensino, pedaços de outras vidas, entregues em fascículos.

Mito, invenção, pura ficção, ou quiçá um sonho? Será alucinação? Ou mera confusão? Estas são as pegadas deixadas no carreiro imenso que persigo. Marcas de outros tempos, contos de outras eras, vidas, já vividas, acumuladas no livro da alma, capítulos escritos, transcritos e lidos. Poções, ou sonhos, magia ou realidade, que insisto em fazer verdade.

António Almas

Porta do céu

Sigo o trilho que me leva à porta mágica dos sonhos, percorro-o tranquilamente como uma criança cansada de um dia de brincadeira. Ao longe, vejo a última nuvem que me espera, qual comboio na ponta do apeadeiro. A porta está aberta, convida-me a entrar, na viagem fantástica para outro lugar.

Sento-me, num lugar fofo desta nuvem enigmática, dali posso olhar a paisagem, sentir a brisa do vento que empurra esta carruagem. Neste sonho sou infância, tenra idade, felicidade em abundância. Quero brincar, quero sonhar, que monto um cavalo alado, que voa pelo ar. Quero sorrir, não quero chorar, quero apenas deixar-me levar.

Nesta cantiga de embalar, se encerra o meu olhar, adormeço, deixo-me ficar, enquanto esta nuvem me levar. Sou pena, solta no ar, sou folha a esvoaçar. Pequeno ser, que o sol vem iluminar, no meio deste sonho, a dormitar.

Acordo por um momento, será sonho, será lamento, ou apenas o meu pensamento, que voa como os pássaros? Será ilusão, fantasia, ou será apenas alegria, que afoga os tormentos e estampa no rosto do homem o sorriso da criança?

É tarde, estou cansado, vou deixar-me embalar, quando chegar, e na porta do céu entrar.

Eternamente menino

Sou criança, alvorada duma vida por começar. Imaginação aberta, manhã submersa na penumbra que envolve os sonhos. Infância, abundância de sentires, novidades em cada esquina, surpresas por abrir. Manhã de Natal em constante presença, prenda.
Sou criança, acordar tranquilo, noite de Primavera. Segredo por desvendar, caminho por revelar. Passos inconstantes neste caminhar. Medo, frios e espanto, aqui e ali, algum desencanto. Carinho e ternura, paixão e criação. Nasço, adolescente, para a vida, deixo atrás a criança, ganho um par de asas e voo. Cresço, esqueço, transformo o sonho em algumas realidades, deixo muito de mim na gaveta das saudades.
Sou criança, adulta, menino vestido de homem, sonhador vestido de realista, criança com fato. Faço do sonho utopia, e deixo a realidade abraçar-me fortemente, entregando à noite os sonhos, que já só tenho adormecido, no subconsciente. As asas deixei-as gelar, e a ilusão, voar, sobre a eternidade, que também partiu, e me deixou simples, mortal.
Ainda assim, sou criança, num mundo diferente, ausente de sentires, faço do sonho o meu refúgio e da noite o meu dia, onde sou, eternamente menino, onde sou, permanentemente feliz.

António Almas

Começa a chover!

Reflexos de luz, vindos do passado, rasgam os céus nesta noite escura. Tormenta, exclamam, luz divina que quebra as trevas, mão celeste que toca a Terra. Fogo, etéreo que aparece para quebras o ar. Porta para trás, que nos leva às origens do mistério.

Na noite dos tempos, relâmpagos fazem o ar gritar em trovões sonantes. São vozes dos nossos ancestrais que se propagam até ao presente. Mensagens codificadas, sob a forma mais pura, a luz, que rasga o negrume. Vêm visitar-me, lembrar-me que não me devo esquecer da existência, da raiz onde a árvore assenta.

Espero-os, na planura extensa, fria e vazia. No meio desta noite negra, que me envolve. Canto-lhes, uma velha prece, de palavras antigas, rimas polidas pelo passar dos séculos. Deixo que o meu espírito abandone o corpo, que se envolva no ar, e se mescle com o passado, em pleno presente. O corpo, abandonado, entregue a si mesmo, sente a ausência de comando, e perde o sentido da vida, tombando, ao som do último trovão.

Faz-se silêncio, e no céu abre-se uma clareira entre as nuvens negras, uma luz, suave e límpida, desponta como um raio sobre o acampamento, é a Lua que espreita o corpo inerte, num último olhar de despedida, chora.

Começa a chover!

Deixo-me ficar

Amanhece, a Noite adormece nos braços do dia. Faz-se luz, e a manhã emerge num nevoeiro silencioso. A agitação da Noite que passou, repousa agora num lago de águas paradas. Os relâmpagos da tempestade, são agora luz suave.

Amanhece, escuta-se o chilrear dos pássaros nas árvores ali em frente. Quebra-se o silêncio com a brisa do vento, outrora descontrolada, que agora agita, tranquilamente a folhagem das árvores.

Fez-se de luz, um novo acordar, instante perfeito, abraço apertado entre os limites da escuridão e o despertar. É dia, novo dia, renovação da esperança, que nem sempre nos alcança. A tempestade amainou, a alma deixou de se sobressaltar, chegou a bonança, e toda a vida retoma o seu lugar.

Eu, deixei-me ficar, no meio da Noite, no centro da tormenta, e esperei a agitação passar, continuo aqui, quieto, imóvel, esperando, pacientemente, que me venham buscar. Deixo correr o tempo, como se fosse passar, mas fico quieto, deixo-me sempre ficar!

Espírito do Inverno

Espírito do Inverno, miragem ou pura fantasia. Vem por entre as sombras, abraçar o meu corpo, levá-lo paras as neves eternas, gelá-lo. Aproveita, e absorve-me a alma, dissolve-a na chuva, como uma singela lágrima, que se abate sobre o chão molhado deste dia triste.

Os sonhos, guarda-os numa bola de cristal, para que possam ser

vistos, mas nunca alcançáveis. As ilusões, cobre-as com seda selvagem, para que a fúria de não se tornarem reais, seja apaziguada pela beleza que transportavam.
Miragem virtual, de um mundo irreal, criação ou pura imaginação, dispersa-te no ar com o vento, para que não paires sobre o meu sono, como sonho, como pensamento, tormento.
Deixa as chuvas lavar o chão, que ainda há pouco pisei, apagando as marcas dos passos que dei. Vem abraçar, o que resta de mim, estas letras, palavras que a saudade escreve, à revelia da mente.

Filha minha

Dei-te um pedaço da minha alma, entreguei-te o meu corpo que recebeu o teu numa manhã fria de Inverno. Aconcheguei-te no meu colo, senti-te no meu peito como algo meu. Olhei-te nos olhos semicerrados e vislumbrei um pedaço da minha alma dentro de ti.
Dei-te o nome duma flor, e criei-te no meu jardim, as tuas mãos procuravam sempre as minhas e o meu olhar encontrava-se no teu.
Princesa deste reino mágico que desenhamos juntos nas tardes de primavera, com o sol a brilhar no imenso céu azul. Companheira atenta e doce, pisavas nas minhas pegadas, seguindo-me para onde quer que fosse. Adormecias no meu regaço e eu, cantava-te canções de embalar.
Nas noites de tormenta chamavas o meu nome, ou, vinhas pé ante pé, até à beira do meu leito despertar-me de mansinho, e enroscar-te no meu âmago.
Hoje estás longe, mas ainda assim estou contigo, levo-te no meu

peito, e sinto-te minha, como no dia em que te vi nascer. A cada reencontro, o teu abraço é como o mundo que me envolve, como o sonho que se faz de realidade. Não existem distâncias em nós, porque somos a extensão do outro, eu sou parte de ti, e tu, fazes parte de mim, minha filha.

Espera

Palavras, soltas no vento, vazios, desalentos. Noite de utopia, sonho ou mera fantasia. Espero por ti, barca do destino, neste cais onde o mar é feito de nuvens e o céu inundado de águas. Espero que me leves, fazendo a ponte entre a vida que não me preenche, e os sonhos, ideais e quimeras que me alimentam o espírito.
Entrego-me nesta espera, de lágrimas nos olhos por ver derrotadas todas as expectativas, de lágrimas vagueando pela face por sentir na pele o fogo que queima os que me são queridos. Infame destino, tempo perdido na procura do inatingível, minutos, horas e dias, feitos de anos de esforços gorados, remando a contra-maré, sem sair do mesmo sítio.
O corpo exausto, espera pela unção, que sarará os flagelos infringidos. A alma cinzenta, escurecida, espera pela luz, para ganhar cor, e resplandecer de energia. Neste lugar, onde não há dia nem noite, onde a espera parece infinita e ao longe avisto o paraíso pretendido, deixo-me ficar, preso aos fios que aqui deixei, pedaços meus que um dia plantei, por quem hoje derramo o sal destas lágrimas que me escorrem como sangue pelo corpo abaixo.
É hora de pagar, alto, o preço de um sonho, é hora de aguentar, o

cilício, e esperar, mais um pouco, dar tempo, amparar os desprotegidos e... depois... deixar-se levar, até ao destino!

Anjo sensual

Revelas-te por entre as brumas da noite. De asas brancas, corpo esbelto, trazes nas mãos a alma incandescente. A pele, nua, evapora o desejo que te queima o ventre. É noite, é escuro e a tua presença amanhece-me os sentidos.
Anjo sensual, vestido de plumas imaculadas, íman que me chama, calor que me aconchega no frio destas noites feitas de nada. És fogo, sarça-ardente, que se consome sem se destruir. Prazer eterno, etéreo, Luz, força.
Perco-me nos caminhos escusos, por entre sombras e solidão, por entre a Terra e o Ar. Procuras-me, e sempre me encontras, mesmo quando não me vês, sentes-me simplesmente. Sinto a tua presença constante.
Anjo perdido, que encontro caído, na berma do caminho, tentação, ou pura invenção, instante de loucura em que o corpo padece de sede e a alma morre ao dispersar a sua luz. Recebo-te, de olhos fechados, de peito aberto, para que te fundas em mim, para que morras aqui.

Sonho proibido

Entrego o espírito ao vento forte que sopra lá fora, dispo o corpo e deixo a alma voar, mesmo sem asas. A música adormece o que resta de mim, e as palavras soltam-se na ponta dos dedos. Deixo-me navegar por sonhos proibidos, espaços reservados que guardo na minha própria caixa de Pandora.

Desenho com as letras cada pedaço deste lugar onde repousam as magias, onde dormem os duendes e as fadas se refugiam quando esgotam os seus feitiços. Pinto com as cores da aurora os pedaços deste céu que me envolve. Liberto as letras em cascatas que se esbatem contra a superfície tranquila deste mar que morre placidamente na areia da praia.

Deixo à solta os sentidos, para que toquem os corpos dos que aqui vêm visitar-me, despertando-lhes as almas para a dimensão deste lugar. Aqui, onde o Sol nasce juntamente com a Lua e o dia coexiste com a noite. Nesta ambiguidade prazenteira, os textos ganham forma de gaivotas que rasgam o azul, com laivos brancos.

Por aqui me perco, e me deixo ficar sempre que a vida lá fora me comprime, me empurra e me angustia. Este é o lugar secreto, onde me encontras sempre que não sabes de mim. Aqui vive a alma que não vês mas sentes, aqui, neste sonho proibido.

Mundo da fantasia

No mundo perdido da minha fantasia, os castelos nascem nas nuvens e os jardins, secretos, perdem-se por entre o céu azul do dia, ou na penumbra do pôr de um sol qualquer. As cores são vivas e simultaneamente suaves, numa contradição perfeita entre o sonho e a mais dura realidade.

Por aqui, os pássaros não voam, caminham e nós, temos asas, voamos, de nuvem em nuvem, de castelo em castelo, por entre as árvores gigantes da floresta, ou, até, na profundidade de lagos de águas mornas e transparentes. As flores nascem por todo o lado e sente-se o seu perfume, invadir o ar, numa primavera eterna de essências.

Num espaço escuso, reservei um canto, onde me sento, e deixo o olhar perder-se, nas vastas planuras que envolvem este mundo perdido nos confins da memória que criamos na nossa infância. Aqui o corpo não sente as dores da realidade, aqui a alma não sofre as amarguras da vida.

Volto, sempre que a reminiscência da infância se apodera da consciência do homem, sempre que a vida me dá um instante de liberdade, sempre que o sonho domina o sono e o cansaço, sempre, que consigo cá chegar.

Morte

Olhas-me a cada esquina. Escondes-te na sombra de cada viela. Caminhas, atrás de mim, como se fosses a minha própria sombra. Olho-te, vejo-te a cara vazia e o olhar fulminante. Neste ténue equilíbrio, entre a perpendicular e a queda, entre a salvação e a desgraça, entre a vida e a morte.

Em cada encruzilhada convidas-me a tomar o teu partido, abandonando o corpo, deixando a vida, para seguir, de mãos dadas contigo, na escuridão da noite. Do outro lado da rua, a luz chama o eu nome, diz-me que é por ali o caminho, é por ali a vida.

Hesito, fico no meio do caminho, olho a morte, olho a vida, questiono-me qual delas deve levar-me, qual delas mereço. Mas há amarras, fortes correntes que ainda me prendem à luz do dia, laços que não devo cortar, gente, que espera por mim no passeio. Olho-te, mais uma vez, e sigo a luz, mantendo o corpo erecto, evitando mais uma vez a queda.

Sabes que um dia serei teu, és paciente, persistente, afinal a vitória será tua, inevitavelmente, um dia, quando se quebrem as correntes, sabes que escolherei ir contigo, e levar-me-ás.

Deixo-te, em cada esquina, em cada encruzilhada da vida, porta entreaberta para a próxima dimensão.

Gueixa

Escrevo, sobre a tua pele de seda, como se de folha vazia se tratasse. Escondo entre as letras que apenas eu conheço, os segredos por revelar de nossos sonhos. Escorre a tinta como as lágrimas, face abaixo sobre forma de caracteres. Frases, formam-se em cascatas de sentidos, preenchendo-te o corpo.

Brotam do teu ventre, livros que encerram em si as memórias de outros tempo, contando histórias que as vidas atravessam. Escrevo, sobre esta folha branca, com o negro da tinta, desenhos que não entendes, códices misteriosos que guardam a magia de todas as palavras que não te disse.

O teu corpo, tatuado, é papel onde me deito, é cama onde escrevo, é lençol que me abraça o corpo despido. Escrevo-te, a fogo, no calor da tua alma, com a luz que te ilumina o olhar e te aquece nestes dias frios de Inverno.

Tatuo a tua pele de gueixa, imaculadamente branca, que confundo com o papel onde me debruço e despejo as mágoas, os vazios, mas de onde recolho os prazeres, os sentidos as essências da vida eterna.

Volúpia

Espalham-se as essências nos fumos que cobrem o quarto com uma cortina de nevoeiro. Consome-se a madeira em fogo lento, queimando o incenso. O dia adormece, aos poucos, rasgando o espaço em raios pálidos cor de mel.

Sobre a cama, desfolhaste as pétalas da rosa que te dei, eu, como uma prece, sussurrava as palavras mágicas a cada malmequer que deixava cair sobre o soalho. Numa bandeja, serviram-nos champanhe, e uma taça de morangos. Do bolso do casaco tirei uma barra de chocolate negro.

Deixaste o teu corpo sobre a cama, semi-despido, esperando que lhe juntasse o meu, desnudo. Deixamos a música entrar, para nos abraçar os sentidos, quebramos o tempo nos relógios parados sobre a mesa-de-cabeceira.

É o fim do dia, o fim do mundo, o fim da vida. Dentro deste secreto lugar, ficamos tu e eu, enlaçados num transe voluptuoso. Envolto nos silêncios que a cada música que termina, fazem calar os gemidos de um prazer reinventado.

É noite já, ou será novo, o dia? Não quero saber, se a luz que me ilumina é do Sol, ou da tua alma que se fundiu na minha. Deixo as forças abandonar o corpo e a alma, exausta, cheia de todos os prazeres que me deste, entrega-se, já vencida, a um instante de repouso.

Bailarina

Pauso o olhar, nas tranças do tempo, deixo-me ficar, sentado sobre ele, vendo a vida passar, o teu corpo mudar, ao ritmo do meu pensamento. Deixo-me estar, parado entre os segundos, vislumbrando na penumbra o teu corpo desnudo, dançar em minha frente.

Hoje estou vazio, não sei se gastei todas as palavras de uma só vez, ou, se, simplesmente, deixaste de as soprar no vento. As mãos geladas não escrevem e os olhos ficam parados para lá do infinito, sem se aperceberem do que ocorre em seu redor. Tu, vestida de nada, segues aí, agitando o corpo ao ritmo dum relógio qualquer.

As forças esvaem-se e o corpo entra numa letargia oca. Não se escuta nada, nem a música que outrora enchia a casa de ruídos. Apenas os corpos permanecem sem saber muito bem porque ficaram aqui quando as almas foram para outra dimensão. Sinto apenas a brisa que provoca o ter corpo de bailarina, vestido da seda da tua pele, que se contorce nesse palco vazio que é a vida.

Os meus olhos, vidrados no horizonte que se apresenta como limite infinito deste mundo onde o ar é a única coisa que subsiste, apenas vêem para lá do escuro, um ponto azul claro, na extensa Noite em que se transforma esta dança sem música a que te entregas em cada dia da tua vida.

Uma nova estrela

Uma nova estrela nasceu, do fogo perdido no céu. Com ela, agregam-se novas esperanças, com ela novos mundos se preparam para surgir. O espaço vazio foi inundado pela luz do seu nascimento. Dela brotou o calor da sua energia, catalisada do nada.

Harmonizam-se os elementos, a ordem celeste encarrega-se de alinhar os novos mundos que se agregam, aos poucos, a esta luz que a cada dia brilha mais intensa. Desenho, a traços de pincel, cada detalhe deste novo sistema. A cada mundo novo, recrio a imaginação.

Utopia, sonho, ou apenas realidade. Deixo voar os sentidos, e com eles levo o que ficou de mim. De asas estiradas, encaminho-me para uma nova morada, lugar mágico que detalhadamente desenhei.

Levo no bolso, um pedaço de esperança, carrego na mochila os sonhos esquecidos, e nos olhos carrego a réstia de felicidade, que me permitirá viajar, ao sabor do vento estelar.

Esta noite, se as nuvens da vida o permitirem, olha o céu, e notarás que há mais uma estrela que brilha entre a imensidão do escuro... é lá que me encontrarás, após cada dia.

Silêncios da Noite

Escuta-se o silêncio, entre cada espaço. Escuta-se o silêncio entre cada palavra. Escuta-se o silêncio por detrás de cada nota. E a música toca, incessantemente, numa cadência suave, que embala cada sentido numa direcção diversa.

Escuta-se o ritmo pausado de cada nota que cai, escuta-se o som das letras que brotam da voz do cantor. Sente-se o timbre adocicado da melodia que se espalha pelo ar. É quase madrugada, e a Noite ainda me embala. É quase dia, e ainda durmo.

Sinto, por entre o frio dum Inverno por vir, o calor das letras que se aconchegam sobre a minha pele. Sinto a suavidade da lã que suspende no ar cada nota desta música que me alimenta. Sinto, em cada toque, o universo aberto, numa amplitude de dimensões que me invadem a alma.

Amanhece, e ainda assim não quero despertar. Quero ficar, aqui,

encostado no teu corpo, catalisando o teu calor. Não, não quero acordar, quero deixar-me ficar, para sempre, aqui. Não quero que a música cesse, não quero que a alma desperte.
É já dia, e eu, ainda estou na Noite.

Formas

Deixo a Noite tomar conta dos corpos que se entrelaçam como fios de seda. Tomo nos dedos os sentidos e escrevo-te na pele macia. Solto na língua o sabor a canela do teu corpo, percorrendo-o em todas as direcções. Deixo o perfume de coco tomar conta do meu olfacto, cobrindo-me como espesso manto de nevoeiro.
Os meus braços desenham no ar arquétipos da tua silhueta, com suaves movimentos, ritmados por um pranto tranquilo que alguém canta, encanta, nesta dança inconstante do sentir além do toque, do tocar além da pele, do sonhar além do sono.
As bocas coladas numa perfusão perfeita entre fluidos, entregam à noite, as formas dos corpos abandonados sobre o chão do quarto. Deixam deambular as sombras que as velas balançam como as ondas de um mar tantas vezes imaginado em nós.
O ar, carregado de aromas, sons e imagens, ganha o calor dos corpos que se agitam em frenéticas oscilações, ganha a voz dos gemidos lânguidos que deixamos escapar entre murmúrios escondidos, ganha a forma duma peça de arte intrincada que formamos no vazio do espaço.
É Noite!

Brumas

Manhã, submersa em névoas tranquilas. Espaço translúcido entre os galhos de uma árvore que fica, olhando o tempo passar, por entre a sua folhagem. Despertar tranquilo, no silêncio que a Noite propaga para o dia, na calmaria. Acordar mistérios, envoltos nesta nuvem branca, onde nascem os sonhos, onde dormem as estrelas.

Faz-se, o dia, passo a passo, com o caminhar da luz. Rouba segredos escondidos na penumbra suave que a Noite lhe entrega. Correm os rios, enchem-se os mares, transbordam os oceanos da vida que este novo dia, agora desperta. Escuto o primeiro canto, o primeiro estalar de ramos, o primeiro instante em que um pássaro distante, as folhas agita.

Neste mar de tranquilidades, com a Lua adormecida, deixo o corpo ser levado, nas asas desta brisa. O silêncio povoa-se de vida, e a minha, segue, ao ritmo dos saltos dos segundos, que se fazem dos minutos, que tomam conta de todas as horas. Amanheceu, e o corpo imerso nesta bruma imaculada, sente os elementos que o tocam, o frio, a humidade, mas sente sobretudo a vida, que se agita em seu redor.

É dia!

António Almas

Noite de paz

O frio gela o ar, e a Noite mais longa chegou. Espera-se o silêncio e a paz, na alma cansada, martirizada pela guerra, a fome e a ganância da humanidade. Nesta Noite, fez-se luz sobre os céus à dois mil anos. Nesta Noite, o mundo silenciou-se, e a esperança rasgou as trevas para caminhar sobre a Terra.

É preciso renovar a alma, renascer a cada dia que passa. Precisam-se sonhos, caminhos iluminados e fé, porque na fé reside o futuro da humanidade. Acreditar que amanhã pode ser melhor que hoje, fazer algo para que consigamos limpar do caminho as pedras soltas. Ajudar aquele que nos está próximo, não medindo o tamanho da ajuda, não pensando sequer em receber algo em troca.

Hoje, mais do que nunca, é preciso renunciar ao individualismo, à prepotência, viver só, não é viver mais, não é viver melhor. O ser humano precisa de estar em grupo, de se sentir amado, de se sentir necessário, ou, acabará por desfalecer, entre a rotina do quotidiano, e a ambição desmedida dos dias que atravessamos.

Deseja-se, que esta Noite, não seja uma simples noite, não seja apenas esta Noite, seja acima de tudo a primeira Noite, do resto das nossas vidas.

Feliz Natal.

Rosa imaculada

Pergunto-me se a existência é efectivamente importante no processo evolutivo da alma. Questiono-me constantemente sobre os objectivos desta breve passagem terrena. Avalio a força das palavras que me brotam dos dedos, dos traços que se soltam do lápis, das ideias que nascem na mente, e concluo que não entendo o caminho que se estende à minha frente.

É difícil perceber os objectivos do criador, quando a criatura não é capaz de digerir as pedras que o destino lhe atravessa pela frente. É por demais complicado, desvendar este enigma que se esconde em cada decisão a tomar, em cada casa deste jogo misterioso que é a alma. Não é, de todo, fácil, fazer as escolhas correctas, ainda que as respostas venham ter connosco duma forma gratuita e simples.

Depois, há as outras almas, imersas em dilemas similares, que se encontram no espaço-tempo, connosco, e cujos mundos se roçam tangencialmente. Algumas, aglutinam-se, outras, repelem-se, provocando libertações de energia, auroras boreais que deslumbram os céus da nossa própria Noite.

Fogem-me as palavras da ponta dos dedos, neste Inverno gélido, às portas duma nova era glaciar, que gelará a minha alma, na ausência e no vazio, por outra eternidade. Liberto a mente, deixando as folhas brancas, como esta rosa imaculada, que deposito sobre a alma.

Nascer...

Era madrugada quando a luz invadiu a escuridão. Os olhos abriram-se, e o peito encheu-se de ar. Fiquei cego, ardia-me o corpo, senti o frio abraçar-me a pele molhada. Gritei!

Senti entrar a alma, que tomava conta da mente. Vi os olhares extasiados dos que me rodeavam enquanto os fluidos que me cobriam se evaporavam. Cobriram-me, de roupa e ternura, alimentando-me as células e o ego.

Era Noite e fez-se de dia, era silêncio e o ruído tomou-me de assalto, era quente e o gelo apoderou-se de mim. Hoje sou outro, em tudo diverso da forma original, as moléculas multiplicaram-se, cresci, a mente aprendeu, cresci, a alma sofreu, cresci.

Encontrei pelo caminho, pedaços de mim, esparsos por outras almas, seres lindos que me ensinaram a descobrir a luz, que me fizeram sentir que valia a pena caminhar, e não ficar parado à espera do tempo. São os anjos que me guardam, que sustentam cada fio de seda que mantém o corpo hirto, e a alma viva.

Descobri, um pedaço de cada um de vocês, dentro de mim, em cada letra escrita, em cada palavra amiga, em cada beijo soprado, em cada instante que me dedicastes. Há frente, vejo o caminho que segue para o futuro, ao olhar sobre o ombro, recordo com saudade, os trilhos que pisei, e espero, um dia, olhar em frente e ver-me, como se de um espelho se tratasse, seria sinal que me havia encontrado.

Quieto

Desperta-me a luz sobre a cama, acorda-me este dia, com a névoa vestida. Sou ente adormecido, sou esperança perdida. Desencontro-me na Noite, com a brisa deste vento frio que me gela a alma. Despeço-me da vida, como uma cascata que se atira pela borda do precipício. Afogo-me ao chegar ao chão, desfazendo o meu corpo, em milhares de gotas de água, como se de um rio se tratasse.
Encontro-me contigo, em cada esquina torcida deste labirinto onde me foges. Escuto-te os passos, suaves, vejo-te o corpo despido, mas, não te encontro a alma, onde a deixaste? Na alvorada da vida, é nas brumas da morte que encontro o pranto perdido que me conforta o espírito. É na Noite onde sempre estiveste, que me vesti de negro, num só lamento perdido, que já não escutas.
Fluo, como o rio que corre para lado nenhum, como a brisa que sopra sem direcção, deixando a alma apagar-se na solidão, desta Noite que vem chegando, de novo, escura e fria, para me gelar o corpo e me amordaçar a alma. E deixo-me ficar, quieto, manso, como o rio ao chegar ao mar, sem ânimo qualquer para lutar, por ti!

Instante

Liberto as cores aprisionadas no arco-íris dos desejos. Solto os ventos que amarrei aos pontos cardeais. Desato o Sol, e deixo a noite iluminar-te o corpo. Inspiro a fragrância das flores silvestres, que exalo sobre a tua pele. Ao infinito vou buscar a eternidade, que abraçará o tempo, suspendendo-o por um fio de seda. Aos céus vou

buscar a divina música que nos embalará pela madrugada fora.
Entrego ao teu corpo, o meu, sedento de prazeres, pleno de luxúria. As minhas mãos perdem-se sobre os contornos apertados das tuas protuberâncias. Acende-se na noite a única estrela que brilha sobre nós, criando uma penumbra doce que te ilumina a tez. O brilho reflectido do teu olhar, ofusca-me os sentidos, deixando-me a alma levitar sobre o corpo.
Os anjos acariciam as liras, libertando notas suaves como esta Noite que nos cobre as almas, como este lençol de cetim que desliza sob os corpos desnudos, num abraço que funde as almas num único ser. Obliterou-se o mundo, perante a intensidade dos sentidos que emanam desta Noite, plena, à que se junta agora a Lua, para que a penumbra se quebre e o luar possa iluminar-te a alma, para que possa tocá-la, com a ponta dos meus dedos e assim te faça minha.

Retrato de ti

Entregas-me o teu corpo, na penumbra da Noite. Deixo a racionalidade abandonar-me e entrego-te o espírito que conduzes num instante de inspiração. A tela, nua, como o teu corpo, espera o toque do carvão, como tu, inerte sobre a cama, esperas por mim.
Os teus contornos conduzem a minha mão, dando-te vida sobre a imaculada brancura das fibras. A luz, suave que se espalha por todos os cantos deste quarto isolado do mundo, realça as curvas ternas que a tua pele descreve sobre o ar.
Os dedos, sedentos do teu corpo, não resistem a sentir o desenho, e recriam as sombras que a luminosidade encontra ao adormecer

sobre os teus braços. Nasces, ali, perante os meus olhos, vidrados pela inspiração que me aportas, num instante de magia, empatia e cumplicidade entre a tua alma e a minha.
É já madrugada, quando, adormecida, sentes o meu corpo colar-se ao teu, sentes o calor, real, da minha alma enlaçar-se na tua e me abraças, prendendo-me a ti. Num canto do quarto, uma cópia de ti, repousa agora sobre o tecido branco da tela, um retrato despido de ti, feito pelos meus olhos que conhecem muito mais que o teu corpo. Adormecemos, unidos, pelos sonhos, deitados sobre os corpos. É assim que os raios de Sol, nos encontram, quando atravessam a persiana semi-cerrada.

Suspiro

Nas sombras da Noite, sobra-me a imagem do teu corpo. As curvas e os desejos escondidos, por entre o matizado da luz das estrelas, e a escuridão dos recantos mais íntimos de ti. Soltam-se as palavras com que te escrevo, desenhos metafóricos, envoltos em frases duma gramática secreta que apenas as nossas almas decifram.
A química dos fluidos, atrai a atenção da libido, acordando-a como se já fosse alvorada. Como se o dia se fizesse anunciar no contacto dos raios de um sol por nascer, com uma terra fresca, orvalhada, pela madrugada.
O perfume das peles desnudas, abraça cada brisa que nos afaga, aconchegando-nos os corpos, num abraço apertado do qual não nos queremos mais soltar. As fragrâncias invadem cada instante deste pequeno momento, toldando-nos o olhar, despertando os espíritos

há muito adormecidos.
No calor deste perfeito silêncio em que mergulhamos nossas almas, soltam-se, gemidos mudos, sons inaudíveis que apenas a nossa mente consegue escutar. Os corações, catalisam energias, queimando o ar que se inspira, soltando-o depois, num profundo e cálido suspiro de prazer.

Chama eterna

Eterna é a Noite, que a chama aquece. Este fogo lento que queima a alma, adormece em seus cálidos braços, o sonho. Desenha sobre o ar formas inventadas de um corpo qualquer. É luz, é perdição que nos arde, bem fundo, no coração.
Crepitam as imagens desfeitas, em folhas de papel incinerado, que um dia renascerão em formosa árvore, de ramos estendidos ao vento. Atravessa o tempo, numa chama eterna, transformando as formas, devastando a matéria, numa mutação constante, numa troca indecente de energias.
Ardem, nesta fogueira, os desejos que queimamos, lentamente, que os corpos consomem e a alma alimentam, numa infindável dança de luxúria. Queimam-se com ele, os pecados não realizados, alcançando-se por fim uma purificação aprazível dos sentidos.
Nesta escura Noite dos tempos, a luz deste lume intenso, propaga-se qual farol no meio da tormenta, é o mais secreto desejo que escondes no âmago do teu ventre. Deixo as mãos cruzarem a chama, que me permitirá penetrar-te nesse labirinto imenso onde a tua alma me espera.

Farol

Reminiscências do passado, aportam as sombras do teu rosto, marcadas sobre a face cinza da Lua, que se esconde porque é nova, porque se renova a cada ciclo, como a sede que em ti arde desde o início dos tempos.

É claro o brilho que reflecte a tua alma quando se expõe sobre o céu da Noite escura. Farol longínquo que ilumina caminhos desde tempos imemoráveis. Em teus diversos corpos, atravessas as vidas de cada um de nós, ao ritmo dos dias feitos de horas compassadas em minutos que se desfazem em pedaços a cada segundo que passa.

És brisa suave, orvalho matinal que me cobre o corpo por despertar. És maresia que o bater das ondas eleva no ar, perfumando-o com o gosto desse teu mar. Desnudas-te na madrugada, quando o dia se prepara para nascer de mansinho, e a Noite, é velha adormecida sobre os braços de Morfeu.

Apresentas, ao inimigo, as tuas armas de batalha, punhais feitos de palavras acutilantes, espadas debruadas a letras, e um escudo, de parágrafos feito, que te cobre da realidade fria dos outros. Os teus lábios pronunciam o grito de guerra, contas-nos os sonhos que nos incitam a lutar, contra a realidade que nos liquida os corpos.

António Almas

O fio do tempo

Cálido é o instante em que o teu corpo se desprende das roupas que o amarram. Doce é o momento em que te contorces, nos desejos que a tua alma liberta. Suave tranquilidade a desta Noite em que o silêncio nos abraça, em que a luz nos esculpe, como estátuas com vida.

Despojos do quotidiano jazem sobre o chão, no ar, escuta-se o frémito do prazer que se mistura com o perfume adocicado das flores que colocaste na jarra. Ardem, junto com a luxúria, os incensos espalhados, salpicando a atmosfera dum nevoeiro de fragrâncias que inalamos calmamente.

Seguro, na ponta dos dedos o fio do tempo, enquanto o teu corpo se entrega sobre a minha pele, como uma onda se entrega na areia da praia. A simbiose dos espíritos, eleva-nos como se tivéssemos asas, e deambulássemos no ambiente carregado de erotismo desta Noite.

Não é tarde, nunca é tarde, para provar da tua boca, o sabor agridoce da sensibilidade. Não, não é cedo, para sentir o interior do teu ser, absorver-me, segurar-me, dentro de ti, antecipando por instantes, o calor da fusão das almas.

Aglutinamo-nos, numa dança imortal, num momento magistral, e o dia vem encontrar, por entre os destroços de uma noite de loucuras, um só corpo, uma única alma, a nossa.

Pedaço de paraíso

Esperas-me, com as tuas asas de anjo, adormecida sôbre aquela nuvem suave. Sentes na face a brisa do meu respirar, em compassadas exalações, que te abraçam o corpo. Voo por entre as brumas da Noite, ao teu encontro, pelo caminho deixo o perfume do jasmim, e a luz de um sol à muito apagada.

O frio, contorna-me as asas, e gela-me o corpo desnudo das penas que perdi nesta caminhada, não sou Homem, não sou ave, sou apenas sentidos, intenções e emoções, um fluxo etéreo que vagueia pelo nada, à procura de abraçar o teu corpo.

Da noite, conservo o escuro dos tempos, a luz das estrelas, e o silêncio, que carrego comigo para todos os cantos do Universo. Espero encontrar-te, no lugar marcado na eternidade dos tempos, aquele lugar secreto, essa nuvem macia onde o teu corpo se esconde.

Hoje, escuto-te o canto, como uma sereia, que me chama, luz do meu caminho, voz doce que me embala, me abraça e me dá vida. Escuto-te, no silêncio desta noite apagada, sigo-te, como se perseguisse a vida, tentando alcançar-te.

Estiro os dedos e sinto, o calor do teu corpo, transforma o vazio num corpo, o meu, e ali, sobre aquele pedaço de paraíso, assistimos ao despertar da eternidade.

António Almas

Entre o céu e o mar

É mágico o instante, em que o Sol adormece sobre o mar. É divino o momento em que a Lua toca o teu corpo de sereia, revelando-o na suavidade dos contornos. Nesta distância que se impõe entre o céu e o mar, somos elos de uma única corrente que se tocam ao cair da Noite. Estendo o braço, em direcção ao teu corpo, que ergues sobre as águas, tentando alcançar com teus dedos as estrelas de onde me debruço.

Acontece, na magia das palavras que como afagos suaves deposito sobre o teu corpo, no momento em que nossas mãos se entrelaçam. Unimos, como o horizonte, o mar e o céu, o etéreo e o imortal, a realidade e a ficção, neste rio de frases que flúi entre os corpos inventados, num momento mitológico em que um anjo se desprende do firmamento para te abraçar, num salto sobre o oceano imenso.

Entre cada letra, descubro os contornos esbeltos da beleza que se esconde na penumbra desta Noite, em que me encontro contigo em lado nenhum, em que te abraço o corpo molhado, e te aconchego em meus braços de vento. Escrevo-te, de olhos vendados, para que os sentidos se propaguem nas frases que os dedos inventam num momento de solidão. Leio-te, sem abrir os olhos, porque te escuto enquanto me escreves.

Utopia

Regressas, nas asas desta Noite, como anjo perdido num céu qualquer. Voltas, com o vento que sopra de Norte, para acalmar a minha vida a Sul. Escorres, como a chuva, pelo meu corpo que se entrega à tempestade. E sinto-te, sem que me toques, como se fosses nada, invadindo todo o meu ser.

Dás-me de beber, como se fosses fonte de água fresca, que acalma o calor do Verão. Cantas-me ao ouvido, como se de música fosses feita. Acaricias-me a alma, com a tua voz, inaudível, que apenas eu escuto. Quebras em mim o silêncio dos passos perdidos num caminho que trilho em busca de ti.

É na madrugada da vida que te encontro, como utopia, como desejo por concretizar, como aposta perdida, como quadro por pintar. Afinal, é-me sempre permitido sonhar, mesmo quando os sonhos não passam disso mesmo, mesmo quando a realidade ofusca o brilho da esperança, mesmo quando, já não tenho forças para acreditar.

Agarro-me, ao corpo desnudo que inventei, sinto como meus os relevos da tua pele, inalo os aromas que criei para ti, e faço-te, mulher, diante de mim, moldando com minhas mãos o ar, o vazio, como se ganhassem formas voluptuosas de ti própria. Contornos que apenas eu sei, imagens que apenas eu vejo.

E amo-te, como só o criador pode amar a sua criação, como só o poeta percebe a dor do seu poema, como só o artista compreende a sua arte.

António Almas

Brisa de palavras

Agita-se no vento suave do entardecer o perfume do incenso que arde sobre a mesa vazia. No ar circulam as fragrâncias de um tempo por existir. Num instante o teu corpo trespassa a névoa que o envolve e anuncia-se numa vaga fresca de novos perfumes, e sinto o cheiro doce da tua pele inundar-me de luxúria e prazer.

Paro, um momento, enquanto te deixo contemplar a minha sombra que esconde a luz intensa da tua alma. Seguro, o impulso que me impele a tocar-te, prolongo o prazer da abstinência, deliciando o olhar com os contornos dum corpo desnudo, duma chama ardente que queima o ar em seu redor.

Na brisa que se solta dos lábios sob forma de palavras, proclamo a minha paixão, feita de frases, textos e imagens que criamos na distância que separa os nossos corpos. Esta história, como tantas outras, escrita com os sonhos que nos atrevemos a sonhar, faz parte dum livro que começamos a escrever lá longe no passado e que continuamos a escrever, em cada palavra que inventamos, em cada verbo que conjugamos.

A sensibilidade que se espalha por toda a envolvência, provoca arrepios de prazer, e, nem mesmo a falta do contacto físico apaga, a emoção deste êxtase que nos percorre a libido, nos estremece por dentro e nos faz vibrar, revirando o olhar e atingindo o clímax, nesta troca solvente de letras que encaixam como os corpos, um no outro.

Parágrafo

Preencho-te, contorno-te o corpo com as letras que te invento. Façote, numa história de encantar, um instante por revelar. És folha branca onde deito as frases que me inspiras, é virgem imaculada onde entrego em caracteres os sonhos que me despertas.

Sinto o sabor da tua pele, gosto salgado de um mar por secar, lugar macio como seda onde adormeço. És palavra, corpo de poetisa, alma vagante, que me afaga o corpo com a carícia das rimas. És dia, és luz perpétua, movimento constante que se entrega numa onda sobre a areia solta da praia.

Traços, sobre curvas apertadas, contornam a tua silhueta, escrevote ao sabor do vento, em campo aberto, entre os seios doces que me ofereces, por entre as sombras das tuas formas desnudas, por todo o teu ser, até tocar a alma, nesta melodia inconstante que é o fogo da paixão, o prazer que se solta de entre mãos.

De teus cabelos colho o perfume, fórmula mágica que me enfeitiça, água fresca que me desperta para este mundo mágico, nova dimensão, sensação de prazer eterno onde cada letra representa um toque, onde cada palavra é um beijo e cada parágrafo um abraço terno e sensual entre nossos corpos.

António Almas

Sonho ou realidade

Percebo, na ausência do teu corpo, a essência da tua alma que vigila a minha Noite. Entendo agora porque sinto o teu abraço, e o frio da escuridão não consegue alcançar a minha pele. Compreendo, o instinto, a sensibilidade que me invade quando me deixo ficar, quando a mente se perde no infinito dos pensamentos e me aporta a paragens idílicas.

A alma imensa, é feita de florestas verdejantes, de áridos desertos, de paisagens luxuriantes, mas, particularmente, detém um lugar secreto, onde sempre me deixo perder, onde os sentidos se sublevam ao corpo, onde a realidade é apenas um pesadelo, onde tu, ganhas forma, um anjo imaculado, que me abraça suavemente.

Caminho, incessantemente, cruzando mares, montanhas e vazios imensos, procurando o fio que me conduz, a ti, ao conforto do teu regaço. Basta-me cerrar os olhos, e no escuro, uma luz se agita, escuto-te a voz, sinto-te o perfume, e vejo-te chegar, no meio da neblina, descendo duma nuvem qualquer, parando na minha frente. O teu olhar luminoso ofusca, a beleza do teu etéreo ser deixa-me rendido a teus pés, deusa divina.

Desces até mim, e recebes-me no âmago da tua alma, entregas-me o corpo que habitas que se entrança no meu, amando-o até ser dia.

Suspende-se o tempo

Chega a noite da eterna saudade, instante em que dispo o corpo, e deixo a alma alcançar as asas que guardo no armário dos sonhos. Qual ente vazio de formas, difuso na névoa que envolve a escuridão, vagueio de estrela em estrela, seguindo o caminho que me há-de encontrar no mundo etéreo do teu coração.

Entrega-se a seda da tua pele, às rendas que te cobrem o corpo semi-despido. Cobre-te a suavidade duma quimera por encontrar, acalenta-te a utopia do reencontro final. É Noite, e sabes me encontrar, como se fosse dia. Lá fora, entre a amálgama de estrelas e planetas por descobrir, vislumbras a silhueta do meu espírito a pairar, sentes o perfume da pele que não trouxe comigo, e entendes o cântico difuso das minhas palavras.

Desprendes o corpo, que adormece em água tépida, de espírito alvo, libertas-te das amarras que te prendem ao cais da solidão, e qual borboleta multicolor, elevas-te na brisa do vento que te enche as asas de fôlego, vais ao meu encontro.

O tempo suspende o respirar do próximo segundo, quando a tua essência se mescla com a minha, a Noite veste-se de brilho, como se fosse dia, e, ali, sós, encontramos a tranquilidade procurada por séculos a fio, num abraço eternizado entre as estrelas do firmamento.

Silhuetas

Cai fria sobre minha alma, a neve, branca, imaculada, neste entardecer cinzento. Sento o corpo, sobre a rocha despida, e deixo os pensamentos abraçarem o coração que se comprime na ausência da tua essência.

O horizonte funde-se no olhar que se perde, procuro alcançar o além, muito para lá do limite do corpo. Quero encontrar, quero saber se existes, serás simples utopia? As forças esvaem-se, o corpo não resiste ao peso da alma vazia.

De nada me faço, existo na brisa do vento, no brilho da escuridão da Noite, por entre constelações e galáxias. Lá, onde o silêncio impera e a alma se expande, todas as dimensões se fundem numa só, o corpo, o teu, desenha-se de estrelas pontilhadas no manto negro da Noite.

Descubro entre os elementos, as essências que dissolvem o perfume da tua pele, fragrâncias que se dispersam pelo universo dos sonhos e impulsionam a libido para fantasias que nos alimentam a alma e dão de beber ao corpo sedento.

És puro elixir, néctar dos Deuses, simples maná que alimenta o meu ser. As letras que desenhas sobre o teu próprio corpo, são os poemas que a tua pele declama ao som dum suave bolero que agita, dramaticamente as silhuetas que dançam nos céus da Noite.

Sombras

Descubro, por detrás de cada letra, escondido em cada palavra, o segredo que se guarda pela eternidade fora. Saboreio em cada carácter, o doce amargo do fel, o veludo macio da pele, que me toca em frases soltas no orvalho da manhã.

Sente-se pelo ar, em cada gota de maresia, o encanto das essências, os primórdios do suco original a partir do qual se fez gente, se formou sentido feito corpo, se tomou consciência feita de sonhos e lhe nasce a alma, profunda, etérea.

Não sentir, é abster-se de beber, é alimentar-se da brisa que não nos toca, é ser nada dentro deste todo. Tocar, é música que sabe dançar, é o tango de uma vida que se multiplica em todas as valsas que se cruzam na pista. Aprendo-me, em cada nova folha que escrevo, como se descobrisse em mim, pedaços de ti que há muito não tocava, uma melodia esquecia entre milhões de partituras, uma orquestra que vibra no meio da multidão alvoraçada.

Possuir, não é apenas deter, aprisionar, tomar, é tão simplesmente escutar, compreender, saborear, cada letra como se fosse a última, cada frase como se o vento mesclasse as letras numa rebeldia simultaneamente doce e impetuosa.

Hoje, nascem-me as palavras, da ponta dos dedos, tomando elas próprias o caminho, sem que consiga dar-lhes formas, sem que perceba, eu próprio, o seu significado, esperado que quem lê o encontre...

Oceano

Navego, sobre o teu corpo feito de mar, qual barco à deriva, em plena tempestade. Mergulho o meu corpo, nas águas cálidas de ti, e sinto o toque de milhares de dedos na pele que me acaricias. O fluido lava-me a alma, impregna-me todo o espírito e liberta-me das amarras deste cais onde sempre me deixei ficar.

Parto, há descoberta de novos mundos, sobre esse oceano de teus cabelos, com ondulações suaves que me embalam mar adentro. É Noite, e sinto o abraço apertado do teu corpo contra o meu. Sinto a voz ritmada de um canto terno e sedutor que me chama de longe, adormecendo-me na eternidade de um tempo por inventar.

Despojo-me de todos os haveres, entrego à água o meu corpo e mergulho, em direcção às escuras profundidades deste infinito azul que é o mar, casa, abrigo e aconchego de tantos náufragos que como eu se despem de corpos, entregando as almas nas liquidas camas que os afagam.

Despeço-me da superfície com um último fôlego, e deixo à tona, todas as palavras de que sou feito, deixando que a minha essência mergulhe profundamente, em ti, para sempre!

Entre as estrelas

Nas sombras da Noite, entregas como despojos do dia o corpo exausto, a alma perdida, vazia. Nos meus braços, feitos das espirais de estrelas que povoam as galáxias, recebo-te, aconchegando-te a alma no âmago da minha ténue luz.

Até teu corpo, despido sobre o chão vazio do quarto, envio uma estrela cadente, que te afaga a pele macia, e liberta centelhas de luz por todo o espaço envolvente. Para matar a minha saudade, recolho os perfumes que exalas, numa recordação dos tempos em que o meu corpo era o teu corpo, em que nossos olhares se cruzavam no espaço/tempo, em que a vida era ainda feita de muitas realidades.
Neste sono profundo, induzo-te sonhos, fotos e pedaços do filme de uma vida, que já tivemos, de momentos em que a luz brotava das pontas de nossos dedos entrelaçados nos cordões do passado. As almas, outrora fundidas numa só, chamam-se agora na distância com uma voz plácida e encontram-se entre o infinito dos céus para se abraçarem num único instante de prazer.
Materializo em ti, o desejo da luxúria que me dás quando sinto as minhas mãos resvalarem sobre o teu próprio corpo. A sede que me matas quando da tua pele recolho cada gota de essência feita desse suco do amor que é uma lágrima de alegria. Hoje sou feito de nadas, o meu corpo não existe mais, mas ainda assim, venho sempre visitar-te, por entre as brumas da Noite, no teu quarto, onde até de madrugada, escuto o silêncio dos sonhos que vivemos juntos, para sempre.

Enquanto dormes

À sombra dos dias, espero pela luz da Noite para me revelar no céu escuro, por entre o emaranhado de pontos brancos que nele proliferam. A alma desprende-se das amarras em que o corpo a aprisiona e voa, na direcção do horizonte, quando o dia adormece, pacificamente nos braços desta Noite. Sinto a leveza mágica das palavras que se soltam com a etérea alma, que ondula sobre a brisa deste vento cósmico.

O pó das estrelas vem definir-me as formas, dando-me um aspecto luminoso, desejo que me consigas ver, mesmo ali, no canto do céu. Desejo que me sintas, percorrer cada pedaço desnudo da tua pele, redescobrindo em ti o paladar do prazer que outrora me deste. Descobrindo em ti a Lua tatuada no teu corpo mágico, suave e terno que me abraça nas noites vazias.

É na música que encontro a magia das palavras que deposito sobre a tua alma enquanto dormes, envolta no cetim macio que esconde toda a sensualidade que apenas encontro em ti. Deixo-me ficar, como anjo vigilante, velando-te os sonhos, contando-te uma história interminável, da qual apenas conhecemos o início e que a cada Noite, acrescentamos mais um capítulo. Este é um livro por encadernar, feito de folhas soltas, pedaços de vidas separados no espaço, unidos num tempo que jamais terminará de nos aproximar.

A madrugada rasga já o manto escuro da noite e para lá do horizonte um Sol brilha, quando me desvaneço no nevoeiro frio desta manhã, com a promessa já eternizada de regressar, quando a luz do teu quarto se acender, e os sonhos se propagarem pela atmosfera.

Luz

A luz desponta sobre o limite do horizonte. Acorda-se o dia, e os primeiros raios de Sol tocam-me o corpo inerte. Aos poucos, sinto o despertar, a alma regressa de outros mundos e dá vida à sua própria prisão. Abro os olhos, estiro os braços libertando-me da letargia em que me abandonei no dia anterior.

Como última imagem, preservo no espírito o perfil do teu corpo desnudo, fonte de mil prazeres, porto de abrigo onde ancoro meu barco. Escondo-te no mais íntimo deste meu corpo sedento dos prazeres que me dás quando viajo sobre ti.

A consciência apodera-se da mente, e a alma recolhe-se para dormir. Pergunto-me, serão apenas sonhos? ou esta alma que à luz do dia se evapora, é viajante nocturna, cavaleiro andante que persegue prados fora a sua donzela? Não sei mais!

Ao racionalizar, desvanece-se a firme certeza de que estás do outro lado deste frágil fio que nos liga. Quebra-se esta ponte entre mundos que apenas a Noite estabiliza, recupera e mantém, qual porta aberta para outras dimensões.

Levanto-me, erguendo este castelo de cartas, para enfrentar o Sol que vai alto sobre o azul do céu, sigo o risco da rotina, que se traça de horas cheias de afazeres que se repetem numa pasma monotonia, esperando que, de Noite, possa encontrar respostas a todas as dúvidas que a luz me aporta.

António Almas

Eclipse

Nesta noite em que a Lua se esconde, onde as estrelas nascem do fogo que se precipita dos céus, vens, repousar no soalho do meu quarto. Moves-te suavemente, arrastando o corpo pelo chão, como uma pantera que persegue a sua presa. O teu olhar, felino, perscruta cada recanto deste quarto, sentindo o odor do meu corpo adormecido sobre a cama.

Lá fora, a brisa eclipsou o luar, e jazem no céu pedaços de luz que desenham na madrugada os caminhos que te trouxeram até mim. O calor da tua pele despida, cobre-me como um manto mágico, os teus dedos, desprovidos de garras, tocam levemente a minha pele, palidamente desnuda. A tua respiração, ganha velocidade, e projecta-se sobre a minha face, quando a tua boca se entreabre para mostrar a tua língua que recolhe o paladar da minha essência.

Suspende-se o som, recolhem-se os ponteiros do relógio ao instante inicial em que as peles se roçam num momento de prazer. Salta da sombra a Lua oculta, para brilhar sobre os lençóis imaculados desta cama onde me devoras, onde te abraço, e te amo, com a intensidade com que a presa se entrega nas garras do predador, com a força com que a rocha recebe o impacto da onda, com o prazer com que a minha alma se funde na tua.

Gemes, num orgasmo de luxúria, enquanto recebes em ti o perfume de mim.

É Noite

É sempre aqui, entre as sombras da Noite, onde o corpo se separa do espírito que nos encontramos. Por entre raios perdidos de luz, que qual árvores matizam esta escuridão, dando-lhe vida, ensinando-lhe o caminho a percorrer. Por entre estes braços infinitos que se estendem para lá dos limites desta dimensão, recolhemo-nos no âmago de um abraço apertado, esmagando os corpos, na vã tentativa de os fundirmos.

Tocam suaves, as notas deste hino à memória do passado, refulgente reflexo de nossas almas que se entregam ao destino traçado dos corpos despidos de luz. Somos pequenos pedaços de nada, contendo em si próprios a essência previamente designada. Carregamos, colado à pele, o suor da azáfama que o tempo deixou marcado em nós, quando passou.

Escutam-se os murmúrios, como letras desta canção, outrora melodia. Vozes minhas, vozes tuas, gemidos de um prazer que o silêncio não consegue esconder. Palavras, segredos, puros devaneios de mentes esquecidas, ardente luxúria que os corpos envolve. É Noite, e o calor do teu corpo sente-se sobre a minha pele. É Noite, e minha alma passeia a tua por entre este bosque escondido no paraíso da nossa dimensão.

É Noite, e tu voltaste aqui...

Apenas palavras

Hoje, entrego-me no fluxo das palavras, esquecendo as imagens, os

corpos, alimentando a alma apenas da brisa dos ventos, da luz da Lua, e dos sons que nela se dispersam com a suavidade desta Noite. Hoje, não tenho corpo, apenas a alma prevalece. Esvoaça por entre as nuvens, acima delas, nos limites da atmosfera deste mundo real, afogado em dramas constantes, sustentado por alegrias ténues que se dissolvem em lágrimas de chuva.
Hoje, não sou eu, sou etéreo, solvente, música que deambula pelos vazios, por entre árvores e caminhos, tocando os corpos, procurando as almas que se perderam por entre os mantos de nevoeiro do quotidiano. Hoje sou barqueiro que navega, por entre rios de prantos, estendendo aos moribundos a mão da salvação que não encontro para mim.
Hoje, entre os Céus e os Infernos, visto-me de anjo perdido, na eterna ânsia de me encontrar, chegando a casa, chegando a mim. É no ritmo das palavras que encontro o espaço que me falta, a luz que me ilumina e o conforto que não encontro deste o início dos tempos. Deixo-te, a réstia de luz que te conduzirá a mim, deixo-te a palavra estendida, como a mão que estiro na tua direcção, à espera que teu corpo consiga tocar-me a alma, à espera que tu consigas encontrar-me.

Leio-te

Acordei a alma logo após o Sol se esconder. Falei-lhe das saudades do teu corpo, disse-lhe onde te encontrar, ofereci-lhe as asas para voar. Deixei-me ficar, dentro do meu corpo, esperando, escutando a música de outros tempos, sentindo o perfume adocicado do incenso que arde a um canto da casa.

Esta Noite, leio-te, nas palavras que escreveste, nos sentimentos escondidos entre os caracteres, no prazer que teu corpo consumiu entre cada frase inventada, na ponta dos dedos que me acariciam a pele. És quimera, fantasia reinventada neste livro em branco, onde nascem como gotas de orvalho as palavras sonhadas entre nossas mãos, que se enlaçam na distância que nos afasta.

Uma vez mais, não encontro imagens para completar os sentidos que se acordam em cada letra que te entrego, num feitiço encantado que a transforma no parágrafo com que desenho o contorno desnudo de teu corpo. O relógio, dança ao compasso dos segundos, deixando o tempo fluir, amortecendo a espera, demorando o regresso de minh'alma, que carregará a essência de ti, e me alimentará por mais um dia.

É madrugada e o corpo cede ao cansaço dos minutos que se alongam nas horas que passam, o horizonte anuncia com trombetas de luz a alvorada que desperta a vida. Sinto-te penetrar em mim, entregas-me o corpo, no meu corpo, e deixas penduradas na porta minhas asas exaustas, adormeces no âmago do meu peito, e eu, acordo, para um novo dia...

Despedida

Esta Noite, enquanto dormias, parti! Parti, para não mais voltar, desdobrei as minhas asas, ocultas desde que me tornei humano, e voei para longe. Levei na ponta dos dedos os contornos do teu corpo desnudo sobre a cama. O meu olfacto adquiriu a fragrância da

tua pele de seda que tantas vezes percorri como um pássaro a sobrevoar a planície.
Esta Noite, desisti, de carregar nas costas a eternidade contida na vida de um mortal. Desisti de tentar entender como o nada pode transformar-se em tudo com um simples acto. Deixo-te, na saudade dos momentos intensos que passamos juntos. Deixo-te na boca, os meus lábios colados num eterno beijo, mas parto, só com a alma, deixando para trás o coração entregue nos teus braços.
Esta Noite, vou embora, no escuro do céu, na companhia das estrelas, deixando ao acaso o caminho a percorrer, deixando para trás a experiência humana que sempre quis viver, por ti, para ti. O imenso tempo que a eternidade comporta não se suspende e alonga-se, estirando-nos a alma, comprimindo-nos o peito, rasgando a saudade, e inibindo-nos a liberdade. O mundo, é demasiado cruel para aqueles providos de asas, demasiado real, demasiado brutal.
Hoje, entrego-te nos braços o meu corpo inerte, gelado e vazio, e parto, com a brisa do vento que passa.

Dimensões

Adormeces na penumbra deste anoitecer que chegou antes mesmo do tempo passar por nós. Em teus braços repousas um corpo cansado da vida lá fora. Em teu peito desagua um rio de lágrimas por chorar. Esperas, na tranquilidade deste instante, a paz inalcançável na luz do dia. Para lá do quarto o mundo agita-se em convulsões sistemáticas, aqui, por entre o cetim que te acaricia a pele nua, o silêncio é dono de todo o espaço e a atmosfera respira a placidez do paraíso.

Na dimensão ao lado, olho-te, através desta parede de cristal que nos separa os corpos, mas é incapaz de nos desenlaçar as almas. As minhas mãos percorrem o vidro frio, procurando romper a barreira e sentir o cálido prazer de tocar a tua face. O meu corpo, rende-se à impossibilidade de devorar o teu, deixando a alma amar-te como apenas ela é capaz de fazer. Sento-me neste quarto paralelo, com esta janela imensa sobre ti, e deixo tocar aquela música que ambos encontramos um dia como nossa, numa esquina da vida.

Esta Noite, somos dois, corpos separados por entre espaços dimensionais diferentes, mundos diversos, escutamo-nos em segredo murmurar a esperança de encontrar o caminho para nos fundirmos de novo, no mesmo tempo, no mesmo espaço, naquele abraço apertado, naquela luxúria ardente, que queima os corpos e une as almas para sempre. Olhamo-nos, através desta abertura mágica entre nossos mundos, vemo-nos, distorcidos, disformes, mas conhecemo-nos demasiado para termos qualquer dúvida daquilo que somos, e sabemos ser.

A Noite esvai-se entre a contemplação do outro e a música que quebrou o silêncio, entre as mãos que se espalmam sobre esta barreira de vidro e se sentem através dela, entre os corpos incandescentes que ofuscam na escuridão destes quartos escuros onde apenas as almas brilham, como o Sol, da próxima manhã.

António Almas
Há tempo...

Parece o tempo apagar as palavras escritas, sentidas e ditas. Parece que é vento que sopra sobre a folha escrita, dissipa as letras escritas de areia, dissolve os sentidos e as emoções. Mas, apenas parece. Apenas porque deixamos que o pó se acumule sobre os livros que já não folheamos, porque deixamos que se escondam por entre milhares de outros sentidos aqueles que mais nos tocam.

Ainda me lembro da textura da tua pele, do calor da tua mão quando tocava a minha. Ainda sinto na boca, o gosto da tua língua que me penetrava. Ainda me arrepia o corpo, quando me recordo de como me mordias o lábio no final de um beijo prolongado, ainda. Depois, o olhar de criança fixado no castanho dos meus olhos, a delicadeza com que pronunciavas cada palavra, a suavidade da tua imagem que se propaga para alem da escuridão. Depois, o palpitar do teu coração, junto ao meu peito, quando de improviso te abraço, te beijo. O silêncio, e a calmaria que se instalou, no momento seguinte a provares os meus lábios.

Não há como esquecer o que sempre esteve presente, não há tempo que apaga, ou vento que trespasse a intensidade dum sentimento. Há apenas o entendimento, desta forma transcendental de amar, ambígua quiçá, mas tão real como outra qualquer. Este livro, cheio de palavras, enrola-se como pergaminho, nos sentidos despertos atrás no tempo, abraça-se como fogo à lenha seca, como água ao corpo despido que mergulha no oceano.

Há tempo, muito tempo, para forçar as tangentes, permitir que as barreiras cedam e se invadam os mundos com a perfusão das essências que são as nossas. Há tempo, para deter o curso do mesmo, suspender a inspiração, o bater, do coração.

Livro dos sonhos

Entrego nas páginas deste livro, as palavras, os segredos de um mundo por revelar. Escrevo, em cada dia uma página, pinto em cada tela uma imagem, resquícios de tempos passados num lugar encantado. Esta é uma interminável história, desenhada sobre o corpo, como tatuagem, impressa em papel amarelecido pelo tempo.
Faz-se de sentires este instante, em que te entrego a alma, para que a sintas como tua, em que a palavras são pequenas notas de uma longa música, que te embala e adormece, no âmago deste mundo fantástico que se forma na tua mente ao ritmo de cada letra que te escrevo. Vicio-te, no toque suave dos meus dedos inventados, sobre a pele, tua, suave, onde recalco os contornos desse corpo que arde no desejo de se fazer real.
As frases brotam, como água, por entre a rocha bruta da vida, na simplicidade de um sonho que queremos ter, enganando a realidade com um fácil truque de magia. Estendes-me a mão, e nela repousa o teu coração, prova fidedigna de sensibilidade, quiçá até paixão. Estendes-me a outra mão, e nela, transportas a alma, marca de pureza, dignidade. E eu, de peito aberto, recebo-te acariciando-te as mãos frias, guardando em cada parágrafo a tua essência, e soprando-te em cada texto a esperança que não se esgota na mente de quem sabe sonhar.
É neste recanto inventado da Noite, que também eu entrego meu corpo, onde a alma se revela, e o espírito deambula entre todos nós,

procurando, na génese de cada um, o alimento para a manhã que já vem despontando no horizonte.

A tua alma

Sentas-te, olhando as estrelas, no silêncio escuro desta Noite. Esperas, esperas-me, para me ver passar como pedaço de rocha fulgente riscando a escuridão. Ofereces-me em cada visita, teu corpo despido, moldado a fogo que te queima por dentro, derretendo-te o coração.

Venho, até ti, depois do Sol partir, esperando encontrar-te no lugar de sempre. Rasgo os céus em direcção ao infinito, numa velocidade estonteante, que apenas a ansiedade de te olhar me permite alcançar. Trago nos cabelos o perfume da tua alma e nas pontas dos dedos as letras que te escrevo, como lenços suaves de cetim.

De olhos bem fechados, reconheço cada curva da tua pele, cada recanto escondido, até mesmo esse teu lugar secreto, mundo afastado onde te ocultas quando a vida te foge por entre os dedos. Sei, de todos os caminhos que dão a ti, de todas as rotas ainda por traçar que cruzam esse teu mar.

Esta simplicidade com que me vejo em ti, recorda-me que já foste eu, e, que, eu sou o teu próprio ser, que te fala em pensamentos, que te escuta em monólogos salpicados de lágrimas. Sou, afinal, a tua própria alma, que te abraça o corpo despido, quando o frio te quer tomar a pele.

E tu sentes isso, porque me sentes a cada segundo, a cada olhar, a cada estrela cadente, que risca a tua Noite.

Luz dos teus olhos

Abrem-se as portas do paraíso escondido em ti, os raios de Sol rasgam o pano escuro da Noite, os olhos ofuscam-se com o brilho dum olhar teu. Fez-se dia no mundo dos sonhos, do outro lado, a realidade escorre por entre dedos ao ritmo de mais uma noite de sono.

Revelas-te em todo o teu fulgor, de traços redondos, de pele despida, a tez branca faz lembrar-me um rosto de gueixa, que num longínquo instante se entrega de corpo e alma ao culto do prazer. Caminho, em direcção a ti, por entre roseiras e margaridas, sentindo esse perfume que o teu próprio corpo emana, qual flor silvestre que me aprisiona o olfacto e inebria o sentir.

Voam em redor os pássaros feitos de papel, que como por magia, a tua, ganharam vida e vêem agora acompanhar-me neste passeio pelo mundo dos teus sonhos. Vens receber-me, escondendo a tua nudez por detrás de um fino tecido translúcido. Abro os braços e deles soltam-se notas de música que invadem todas as dimensões. A boca, calada, diz-te sem se mover, as frases que esperas ouvir, os olhos, cerrados, vêem a dimensão da tua alma que me envolve por completo, tomando-me nesses braços imaginários e confortando-me o corpo.

Sinto o calor do teu corpo aportar-me a energia que me alimenta, espero o teu abraço, quando chegas tão próximo que te confundes comigo. Os teus lábios entregam-me o hidromel da vida, sopro divino que me enche a alma de alegria e acorda o corpo que arde de desejos por te possuir.

Este dia não tem limite temporal, e nem mesmo a noite que termina no lado escuro da vida, consegue ocultar a luz do teu olhar, que me guia pela eternidade fora.

Palavra alguma

Apaga-se a luz, arde num fogo azul, incandescente, como a aurora que se veste de rosa suave. Desce a escuridão sobre o silêncio crepuscular. Adormecem os dias à sombra duma noite qualquer, e gelam-se as almas vazias de gentes.
Calam-se os pássaros que se escondem entre folhagens de papel pardo. Adormecem as feras no restolho ceifado, morrem as palavras na boca do poeta. Secam-se as fontes nas rochas da vida. Não é tarde, não é cedo, é apenas um breve momento.
Cresce, nas profundezas do ser, a angústia que se eleva a cada segundo que passa. Choram as nuvens de água carregadas, escutam-se os prantos dos ventos distantes. Hoje não é uma noite qualquer, amanhã, não nascerá um novo dia.
Ato os dedos, desligo o espírito, e deixo a mente navegar à deriva. Desfaço-me do corpo, desvio-me da rota, liberto as energias, dispo os sentimentos. Hoje quero ser nada, forma nenhuma, palavra alguma.
Desfaço a vida em pedaços largados, entregues nos braços do vento que passa. Cai-me o corpo, sobre a terra molhada, como uma pedra largada. A zero as contas pendentes, deixo as sementes sobre a terra lavrada, é Primavera, quero nascer do nada.

Ressurreição

Envolve-te a névoa, como sudário translúcido que os contornos revela, que antecipa a ressurreição de um corpo dormente, mistério a mil chaves fechado, lugar mágico onde o tempo converte os segundos em fragmentos de eternidade e a chuva não passa de gotas de orvalho.

Venero-te deusa encantada, sobre a cama de pétalas deitada, na esperança de um novo amanhecer de teu olhar, do grito profundamente calado do teu silêncio, da sede que teu lábios escondem, ou, simplesmente do perfume que tua pele exala.

É madrugada, pura alucinação, ver tua alma elevar-se do corpo, procurar o âmago de meus braços para ressuscitar-te, desse sepulcro onde te enterraste, onde esperas pelo instante em que meus lábios te vão acordar.

Êxtase, sentir a pele aquecer-te, o corpo derramar gotas de orvalho, qual lágrimas, no pranto duma criança. Espero, pelo momento certo em que teus lábios vou beijar, em que teu corpo me irá abraçar. Destapo-te os contornos escondidos, percorro-te, absorvendo cada fluido, matando a sede, alimentando a libido do néctar da luxúria.

És vida, renascida das cinzas apagadas de alguém que se deixou ficar, na espera constante de um sopro de vida, que o vento te aporta nas asas da minha alma.

António Almas

Brisa na Noite

Inundas a Noite com os contornos suaves da tua pele. Perfumas o ar da fragrância suave do teu corpo, que me entregas, no crepúsculo deste lugar, que é nosso. Em minhas mãos derramo os fluidos que entrego sobre ti, numa carícia prolongada, tranquila. Sobre a cama, estendes-te qual planura sem fim, que percorro com os dedos húmidos, em movimentos ritmados, cavalo adestrado caminhando a passo lento sobre terra virgem.

Sinto cada sulco do terreno, cada protuberância desta escultura corporal que amasso ternamente, escultor que recorda a obra feita em desenhos sobre o ar fresco da manhã. Sobre o ambiente carregado de essências, murmuro palavras antigas, memórias esquecidas dum tempo em que a magia era música constante entre nós. Dum tempo em que os corpos se alimentavam da carne fresca que possuíamos, possuindo-se até à exaustão.

Hoje, venho aqui, ao passar constante de cada Noite, deitar-me sobre o teu corpo desnudo, acariciando-o, numa massagem revigorante que te desprende a alma e te entrega asas para voares. Vivo das lembranças, dos sentires, das saudades da tua pele sobre a minha, do teu perfume sobre o meu. Hoje, sou apenas uma brisa, que sentes na Noite escura, afagar-te o corpo nu, que te recorda o passado e te dá esperança no futuro.

Hoje, como sempre desde que parti, venho visitar-te, a cada Noite, para matar saudades.

Vinho do mesmo cálice

Brilha no céu desta Noite escura, a luz dos sonhos. Encontro no ar o perfume que invento de ti. És um esboço no papel branco onde deixo resvalar o lápis. És miragem em pleno deserto. Musa invisível, que habitas o meu sonhar.

Encontro-te, dispersa em pedaços, na realidade com que me cruzo, mas apenas no meu mundo és real. Moldei o teu corpo do barro que extraí da Terra, com um beijo soprado, ofereci-te um pedaço da minha alma e, com a luz duma estrela distante, dei-te vida.

Esta é a utopia que me inspira, sombra duma vida por inventar. Mulher esculpida pelas minhas próprias mãos, alma gémea, ou pura alucinação. Nos devaneios desta Noite, entrego-me a ti, deixando-me absorver pelas tuas carícias. Entrego nos teus braços o que resta do corpo exausto, o que resta da minha alma, repousa junto da tua, sangue do mesmo sangue, vinho do mesmo cálice.

Não existes, ninguém te vê, apenas eu te sinto no porvir de cada anoitecer. Não és nada, vazio imenso, apenas em mim és tudo. Espero, tranquilamente, entre séculos, pelo dia em que a força de tanto querer, consiga materializar-te. Poder olhar-te, e sentir-te como sinto a chuva que me molha o corpo, ouvir-te como escuto o canto do pássaro, e ver-te, como vejo este pôr-do-sol.

Entretanto, espero-te!

António Almas

Paraíso da Noite

Encontro-te, ainda a luz do Sol queima a pele, perdida, no fundo vazio de um lago seco. A pele avermelhada pelo calor da luz, o corpo áspero e a alma evaporada pelo inferno da realidade.
Faço-me de gotas de água, chuva intensa, tempestade. Toldo o Sol que te abrasa, e rego o teu corpo, com a água da vida. Tu, qual flor tombada pelo Estio, recebes-me, na frescura destas gotas, e renasces, oferecendo-me as pétalas que me absorvem.
A alma condensa-se e cai, como a chuva, em direcção aos teus braços abertos, penetrando em ti. És agora viçosa, e a Noite dispensa a tempestade que te protegeu durante este dia, as estrelas, são meus olhos, que te observam em milhões de ângulos diversos.
Na brisa húmida do deserto, faço-me homem, e caminho para ti, como miragem vinda de lado nenhum. O som do silêncio é a música que marca o compasso do nosso caminhar, procuramos aproximar-nos, chegar tão perto que quase nos tocamos realmente.
A um milímetro de ti, sinto a fragrância da tua pele que se evapora num suave nevoeiro do teu corpo ainda ardente. Olho-te, e vejo reflectido nos teus olhos o brilho das minhas estrelas. Escuto-te, e ouço no silêncio dos teus lábios a palavra saudade.
Deixamo-nos ficar, de olhos nos olhos, de alma na alma, sem darmos conta do tempo que passa, sem percebermos que em nosso redor a Primavera floresceu, e, o deserto do dia, se transformou no paraíso da Noite.

Fio de seda

Adormeci, na esperança de te encontrar. Entreguei ao destino a minha alma que se desprendeu suavemente de meu corpo, evaporando-se na brisa suave que a Noite levantou. Hoje não quero voar, não tenho forças, quero apenas esperar por ti, deixando aqui, sobre o leito perdido, meu corpo inerte, clamando, num pranto a tua presença.

Hoje, deixei-me ficar, esperando que o clamor do meu ser fosse muito para lá das dimensões que nos separam, que chegasse aos sonhos, ou até te levasse as asas que te trariam até mim. Abandonei-me à sorte, deixando o destino encontrar-te numa qualquer viela, num beco perdido no Universo vasto, onde sei que existes, apesar de, nunca te ter visto.

Entrego-me, ao febril desvario que me força à imobilidade, à morbilidade, extinguindo-me a esperança, e apagando em mim a luz que fazia chegar-te, cruzando mares, oceanos, galáxias, no espaço vazio das palavras que nasciam por entre os dedos.

Espero, a salvação, o beijo prometido, o toque dos teus dedos sobre a pele do meu corpo, para despertar-me da letargia, para soltar-me deste feitiço que me aprisiona, me esgota, me invade a mente de pesadelos, apagando em mim, a luz da tua presença. Vêm, segue o mapa das estrelas, para me encontrar, para te encontrares, unir os pedaços separados de um só...porque o fim dos tempos está próximo, e a ligação entre nós teima em fechar-se, perdendo-se para sempre o fio de seda que nos une.

António Almas

Melodrama

Suspendes o corpo, num fio de seda que atei às estrelas, nesta noite que nos abraça. Abres mão da alma, como último recurso para a libertação. Vejo-te voar, qual pomba branca sobre o fundo negro das tempestades, és pureza, uma divindade que carrega nas asas a salvação do amor eterno, afastando-o das tormentas do quotidiano.

Eu, sou mero espectador, sentado na poltrona da plateia, assisto ao melodrama do dia-a-dia, que se desenrola com fim anunciado para um instante qualquer. As personagens debatem-se com as amarguras, agruras dos dias que se sucedem em fios de navalhas que cortam a direito os corpos que não possuem. A felicidade é uma luz, que se acende em breves instantes entre cenas e tu, esvoaças acima do palco, imaculada na brancura de tuas penas, leve como a brisa do vento norte.

Batem-se as mãos em palmas anunciadas no desenrolar do contexto desta peça de vida, pedaço de nós que desfilou ante olhares atónitos, húmidos, lacrimejando, que se abraçaram a sorrisos instantâneos que consumimos como o fogo consome o papel, onde escrevemos o guião. E tu, agora bailarina, despida, pairas sobre a última cena, pendurada, sobre a corda que te salva a vida, mas te amarra a alma.

O espectáculo termina, e eu adormeço o corpo na cadeira da vida.

Qualquer lugar

Escondes-te, em cada olhar, em corpos diversos de mulheres despidas de todos os conceitos. Vejo-te passar, em cada nova pele, acenando-me com um olhar provocador. Inebriando-me o olhar, deixando-me sem fôlego. Ontem mesmo, vi-te passar, vinda de qualquer lugar, perseguiste-me. Olhaste-me, sentiste-me, sem me tocar.

Colas no rosto o sorriso que me encanta, deixas na voz o incenso que me queima e soltas-te num corpo qualquer, passeando-te em meu redor. Fixo-te o olhar, segues-me para qualquer lugar, vinda de lado nenhum, vejo-te, e olhas-me profundamente. Desejas que te siga, quando tu própria me segues, escondida, nessa bruma que sempre te acompanha. Observas-me, e sinto-me invadido, vejo-te chegar.

Danças à minha frente, com esse corpo luxuriante, deambulando pelo paraíso, caminhando nos meus próprios sonhos, como se teus fossem. Despes-me, com esse olhar fulgurante, deixando-me completamente nu, no meio desta multidão. Depois, passas, rasando o meu corpo, e sinto o teu pulso bater, ao ritmo do prazer.

Tão rápido como surgiste, numa mesa dum restaurante qualquer, desapareces, olhando-me pelo vidro de um carro em andamento. Um último olhar, que trocamos, vi-te partir, para qualquer lugar.

Sei que vais voltar, no corpo de outra mulher, num sítio qualquer, onde eu estiver, para me dizeres simplesmente que existes, e devo continuar a seguir-te, porque tu, estás sempre a perseguir-me, para qualquer lugar que vá.

A nossa Noite

Cobres o rosto com a máscara da realidade, outros olhares, outros sentires, a gélida razão invade-te a alma e apagas a chama que te brilha no peito. Hoje, és mulher comum, nada de diferente entre todas com as quais me cruzo no quotidiano. Hoje és racional, administrativa, eficiente, taxativa. Reages ao ambiente que te rodeia como a máquina responde ao programa que lhe inseriram. O teu olhar é numérico, e a tua voz metálica.

A luz do dia adormece o ser sobre-humano que existe em ti, o anjo recolhe as asas e recosta-se para dormir num canto da alma, e, só ao escurecer, a brisa suave da Noite, o consegue acordar. Sopro, ateando o fogo dormente, incandescendo a chama que volta a queimar no teu peito. Ilumina-se o Universo, e acordas para o mundo dos sonhos, embalada na canção que te sussurro ao ouvido. O teu corpo esbelto é agora luxúria pura e a tua alma a luz que brilha no meio da Noite.

Damos as mãos, caminhamos juntos pelas dimensões, cruzamos sonhos, percorremos cada quimera, e inspiramos os aromas do prazer de estarmos juntos. Entregas-me o corpo na ponta dos dedos, e descubro cada pedaço da tua pele que se arrepia ao passar da minha língua. A minha alma dissolve-se com a tua e ambas ganham asas para navegar neste mar de encantos em que transformamos a Noite.

Esta é a Noite, a nossa Noite, e, nem sequer nos lembramos que amanhã vai ser dia.

Esta noite estou sozinho...

Esgotam-se as palavras, silenciam-se as aves sobre as árvores despidas de folhas. Cai a noite a seguir ao dia, a alma exausta deixa-se ficar, por hoje, imóvel, vazia. Esta Noite não tenho nada para dizer, não surgem nas pontas dos dedos as letras que te forma, não se descobre na tela vazia um único traço de mim, de ti, do nosso corpo. O vento sopra, varrendo do chão a poeira que resta, sobras dum fogo extinto, dramas de uma vida abandonada entre nadas.

A voz cala-se, os pensamentos hibernam na letargia de um frio Inverno, o coração, seca, na aridez deste deserto, não te escuto, nem o palpitar do teu coração se faz sentir. As lágrimas não percorrem mais a planície da minha face, o sal acumula-se no fundo deste lago seco que são os meus olhos. Não te encontro em lado algum, deixo-me ficar.

As asas ficam, penduradas no armário do esquecimento, fazendo-me perder o equilíbrio conseguido para voltar a voar. Não há sonhos, nem presenças constantes, apenas a ausência se perde neste imenso e desolado mundo. Partiram todos, e fiquei só!

De teu corpo esbelto, conservo ainda o quadro, desenho feito de carvão, que mantenho suspenso das paredes da alma, como última recordação do passado, âncora que se prende ainda no chão vazio deste rio outrora fulgurantemente cheio de ti.

Esta noite estou sozinho...

António Almas

Rio de letras

Adormeces, de mãos vazias, esperanto estirada sobre o nada a vinda da minha alma para te abraçar. É noite profunda, como profundo é o sentir que transportas no peito. Adormeces, na longa noite da vida, que se propaga desde o entardecer dos tempos até à nova alvorada do advento. E esperas, esperas por ser acordada, desperta do sono prolongado, que mantém o teu corpo inerte e deixa a tua alma dormente.

Faço-me das asas, quero voar, atravessar os céus escuros da madrugada, ser cometa entre galáxias, ser estrela num firmamento que viaja como a luz, ao teu encontro. E voo como um pássaro desprovido de plumas, corpo de homem sedento, alma de anjo esquecido no sétimo céu. Sinto o palpitar do teu corpo que arde em chama lenta, escuto os murmúrios de tua voz calada que ecoam por todo o Universo, trespassando dimensões e despertando todas as almas para encontrar a que desejas.

É noite, e a sua atracção chamamos um para o outro. Descrevemos em palavras as emoções que sentimos, sentados na distância que não sabemos, nos separa. Como pontos de luz, num Universo virtual, somos feitos de números sob forma de letras que encadeiam em cada frase moléculas de sentimentos, essências e perfumes imaginados, recriados da atmosfera primordial que nos precede e onde um dia fomos unos.

Antes que o Sol te desperte, despeço-me com um beijo na tua face adormecida, e desvaneço-me com o raiar do dia, deixando atrás de mim, este rio de letras que corre para o teu mar.

Labareda de ternura

Ardes no desejo que te consome o corpo, no fogo que te acalenta a alma, no prazer que te induzo e te entrego na Noite em que te visito. És sábia rainha dos corações, amor fervente, imensas paixões, lugar de luxúria ou mero sentido, amor, ternura fantástica perdição onde me abraso.

Sou brisa, oxigénio, fonte de ignição, chama indolente que te percorre o coração. Sou amor, compensação, profundo abraço, contentamento. Sou a noite eterna, sombra onde te abrigas do Sol pendente.

Somos estrelas perdidas, na imensidão da galáxia, somos frémito do passado em constante propagação, somos dois em apenas um só, somos a noite feita de muitas madrugadas, somos ternura feita de pequenos nadas.

Nesta dança perdida, somos apenas música, bailado perfeito entre corpos colados, somos tudo num pequeno pedaço. Notas soltas que se seguem num constante movimento, agita-se o ar ao passarmos como a brisa que percorre o entardecer, percorrendo o mundo num só sopro.

A fogueira, continua a arder, escuta-se o seu crepitar, deixo os sonhos dançar, com as chamas que teu corpo emana, nesta Noite, em que meu corpo simplesmente te ama.

António Almas

Pequena sereia

A água faz-se espelho, e o vento suspende a respiração. Pára o mundo, entre o passar dos segundos, o coração sente a arritmia que lhe trava o bater, a Noite apaga o brilho das estrelas, apenas para te ver. Chegas, voando sobre o oceano, braços abertos qual ave planando sob o céu. Teu corpo, de linhas perfeitas, distingue-se no horizonte, pequena sereia, fada encantada, ou simples quimera.

Sentado na areia da praia, sinto à distância o teu perfume, percebo no marulhar das águas os teus gracioso movimentos, sinto o tempo travar os relógios e o momento em que vens olhar-me, sobre o rochedo da praia, dissolve o mundo, e ficamos apenas os dois, de olhos nos olhos, perdidos no espaço que nos separa.

Aproximo-me, desenho o teu perfil com a ponta dos dedos, e toco-te a pele ainda molhada, fazes-te mulher, libertas-te do feitiço e caminhas comigo para a eternidade. A Noite abraça-nos, e canta-nos as tuas canções, melodias mágicas que inebriam a alma. Beijo-te os lábios salgados, sinto o teu corpo arrepiar-se contra o meu e teus braços envolvem-me num longo e terno instante de prazer.

Deixamo-nos ficar, de bocas coladas, trespassando o silêncio por toda a noite, até que a luz quebre o encanto, levando-te de novo ao oceano, e deixando-me, sobre a areia, adormecido...

Regresso

É madrugada e no ar ardem incensos, espalham-se as fragrâncias, dissolve-se o fumo em ondas suaves. Escuta-se uma música, recordações do passado, letras e promessas de um regresso concretizado. Disse-te um dia ao partir "tornerò", hoje, envoltos no cetim, nossos corpos realizam a promessa, cruzando a Noite num abraço perpétuo.

Deixo cair os dedos por teu corpo abaixo, procurando em cada recanto, o prazer deixado no tempo, sentindo a suavidade da tua nudez. Voltei e, tu estavas aqui, onde te deixei, esperando-me. Minha boca percorre teu pescoço e sinto a tua pele arrepiar-se de prazer. Minha língua procura teus seios, que se exaltam ao sentir o toque húmido e quente.

Das estrelas solta-se o brilho doce que a Lua completa, penetrando no quarto escuro, desenhando o teu perfil contra o meu corpo. Dançamos, envolvendo os corpos em ondas de prazer sobre a cama, teus lábios percorrem-me o ventre fazendo os meus olhos percorrerem uma órbita completa em torno do Sol, que adormeceu ao ver-te chegar. Teus dedos enlaçam os meus e comprimem-se juntos falando-nos do prazer que as almas sentem.

Cessa o tempo, suspende-se pelo fio que a saudade quebrou ao juntar nossas almas, de regresso, os corpos suados de prazer, libertam a luxúria, e adormecem presos um ao outro, porque esse sempre foi o desejo de cada um, porque essa era a jura feita lá atrás, porque afinal por mais séculos que o tempo tenha, não serão suficientemente longos para dissipar a energia das almas que nascem gémeas.

Contornos de prazer

Sensualidade, desejo e prazer, formas que extraio do toque, do teu ser. Vontade, sentido e loucura, tudo aquilo que bebo de tua alma pura. Contorno-te, com meus dedos, como se fossem lápis, sobre a cama, feita de tela de algodão. A tua pele faísca a cada toque, pulsando em arrepios de prazer. Minha boca, saboreia cada milímetro de corpo que se estende qual planície à minha frente. Meus olhos são faróis, que na Noite escura iluminam o caminho a seguir.

Minha língua desenha o teu pescoço, num traço de perfume e essências que se desprendem de ti. Meus lábios fecham-se ao abraçar os teus mamilos erectos que estremecem de prazer e meus dedos, entranham-se agora entre tuas penas, procurando o aconchego húmido de teu corpo, quente. Os corpos enleados, são um só novelo, da mais pura lã, na virgindade deste momento que se transforma num instante de prazer. As vozes soltam-se, dão lugar a gemidos, os corpos desatam-se em contusões, espasmos de luxúria.

O meu corpo invade o teu, numa pacífica sensação de bem estar, abraças-me, e sinto-me deslizar por dentro de ti, quero tocar-te a alma com os dedos de minha alma, quero impregnar-me do teu perfume, invadir-me da tua pele. Os teus cabelos pendem sobre mim, longos, soltando fragrâncias, acariciando-me o corpo, escondendo-te a face de menina mulher que só eu conheço.

O relâmpago corta a noite no instante e que juntos tocamos o Olimpo, os corpos cansados desferem o ultimo derrote e abandonam-se à delícia deste êxtase, deixando-se simplesmente ficar, envoltos um no outro.

Memórias

Perco-me no livro dos tempos, entre fórmulas e segredos, fechados entre as paredes deste obscuro lugar. Descubro a força das palavras que se esconde entre caracteres imortais. Encontro nos símbolos os químicos antigos que se conjugam na magia desta noite por terminar.

Sinto o cansaço tomar conta do olhar que se cerra sobre a luz da lamparina que teima em aquecer os elementos. O corpo curva-se sobre os escritos, e no ar sente-se a efusão das matérias.

Da parede pendem as memórias e os tempos em que a luz se fazia da brancura imaculada dos raios em plena tempestade, agora, sentado sobre esta cadeira empoeirada, rodeiam-me apenas as palavras que escrevi, amontoando-se uma sobre outras em frases imensas que povoam os papeis que se fizeram livros.

É madrugada e continuo, envolto na alquimia que me impele a descobrir os elixires que perpetuem a eternidade, que façam brotar da boca as palavras caladas sobre um pedaço de tempo qualquer.

Espero, o final dos tempos, que me hão-de transportar no dorso dum unicórnio para lá do infinito, até ao lago sereno onde entregarei minha alma para repousar.

António Almas

És

Segues os desígnios da Noite, procurando em cada estrela a esperança, encontrando em cada luar o abraço terno do amante que está para chegar. Sentes, na pele desnuda o frio do deserto, a brisa forte que te esvoaça os cabelos, o murmúrio do mocho na árvore distante.

Segues os caminhos da Via Láctea, saltando de estrela em estrela, de nuvem em nuvem, por entre aglomerados de gente anónima que contempla a beleza do teu corpo. Deixas-lhes, o suave perfume da tua pele, mesclas de canela e coco, essências puras de ti, pedaços de alma que se desprendem por entre os passos que dás.

És farol em noite de tempestade, guia para barcos em perfeita deriva, és tábua de salvação, milagre por concretizar. Vento que sopra as velas, que impulsiona a vida, próximo passo, esperança perdida. És cordão umbilical, rede de trapezista, ou simples quimera que nos acalenta a vida.

És constelação, que marca os céus, estrela, orientação, que sigo, por cada caminho, em que ando perdido. És tinta, com que desenho as palavras, carvão que preenche a tela vazia de quase nada, és cor, luz do dia, simples aurora, pura alegria.

Intenso

Cubro-te o corpo desnudo com o véu escuro da Noite, afasto o dia, quero-te só para mim. Nesta névoa metálica, percorro-te o corpo, beijo sobre beijo, toque sobre toque, na suavidade da tua pele perfumada. Meus dedos perdem-se qual vento manso, inventando remoinhos sobre teus seios, minha boca, percorre o rio de teu ventre em direcção à foz, na sede de beber de ti.

Rasga o tempo a penumbra que tomou de assalto o espaço envolvente, sente-se na pele o frenesim dos corpos que se agitam em ondulações que se desfazem na areia do prazer. Sobre nossas cabeças as estrelas precipitam-se, cadentes, numa atracção insustentável para a luxúria deste instante.

Batem os corações a ritmos alucinantes, corre fervente o sangue por todos os vasos, desaguando em jorros de carmim nas veias que se dilatam nos corpos que se contraem e comprimem um contra o outro. Solta-se o sal da vida, em gotas de suor, qual lágrimas de alegria e felicidade que os olhos entregam à corrente desse rio de lava que escorre entre nós dois.

A respiração ofegante, reporta-nos ao vento intenso da tempestade que a alma impulsiona, penetrando nos pulmões e invadindo o peito, alimentando o fogo que nos queima. Ecoam no ar, carregado de fragrâncias, suaves gemidos, a música do corpo, penetrado pelo prazer que o assola. Acordes de teu corpo, qual viola, que cantam sobre mim, alimentando o ritmo desta dança apertada que meu corpo desenha contra o teu.

Em Ti

Nos braços do Pai me entrego, nesta Noite em que o frio me invade o corpo, em que a solidão me toma a alma. Adormeço, na esperança que mais além no tempo me acordes, me chames, como se um novo dia houvesse despertado, como se uma nova manhã clareasse a Noite.

Confio em Ti, sinto o aconchego dos Teus braços poderoso, sinto o Teu amor transbordar o peito e invadir-me por completo. Sinto a segurança, o calor, como se Teu corpo fosse real, deixo-me ficar, suspenso no vazio, sabendo que me transportas no colo.

Em Ti encontro força, calma e tranquilidade, para cruzar desertos, derrubar montanhas, e, num simples toque de dedos, acariciar aqueles que de mim descendem, aqueles que iguais a mim, procuram, num toque, a salvação, a esperança e o alívio das dores da alma.

Por isso Te procuro, para expurgar minh'alma, para banhar-me nesse rio imenso de que És feito, purificando-me em cada gota de orvalhos que resvala sobre a minha pele, em cada brisa que me contorna o corpo, como um abraço Teu, que me acolhe no final de cada batalha, sarando-me as feridas, e lavando-me o espírito.

Hoje, durmo em Ti, a paz e a tranquilidade vêm envolver-me no teu manto de luz rejuvenescendo-me nesta Noite em que me entrego em Ti.

Aurora

Encontro-te, entre os juncos, naufraga de ti própria, mergulhada no mar imenso onde teus sonhos derivam. Pego-te em meus braços e levo-te para a margem, na praia da vida, onde te beijo os lábios tentando ressuscitar-te com o calor da minha boca, com o ar de meu peito.

Teu corpo, despido de vida, permanece inerte, envolto na areia. Entre mãos despojo-me de um pedaço de alma, que serenamente coloco sobre teu peito, soprando novamente em teus lábios, o doce néctar, um sopro de palavras feitas de vida.

Abres teus olhos, que se encontram frente aos meus, ofusca-me o brilho do teu olhar, solto, sobre ti uma lágrima de alegria. Meus braços, sentem o pulsar do sangue que te percorre as veias, e sinto o ar entranhar-se no teu corpo, realçando a beleza de teus seios que se elevam para o aquecer.

Sinto teus braços envolver-me, o toque de nossas peles aviva-nos os sentidos elevando-nos. O calor apodera-se dos corpos que se enlaçam num abraço profundo. A vida é agora dividida entre nós, partilhamo-la como se sempre nos tivesse pertencido, e nos lábios nasce o sorriso que amanhece a noite, na aurora dos novos tempos.

António Almas

Segredos escondidos

Estira-se o corpo, ardendo em desejos, acordam em ti os segredos escondidos, adormecidos através dos tempos. É Noite, e sinto-te em mim, abro a boca que devora a tua, estendo as mãos que acariciam tua pele, abro os braços que recebem os teus contornos numa vaga prazenteira que nos alimenta os sentidos.

Dos perfumes que se espalham no ar, destaco o odor do teu corpo lânguido, percebo o cheiro que exalas, um convite perfumado para entrar em ti. E deixo-me levar, o corpo endurece os músculos numa contracção e sente-se, quente, o corpo que por dentro me abraça, e sente-se, húmido, o âmago que me envolve. E sente-se no gemido da tua voz, as gotas que se soltam das faces quando o corpo tenta, e apenas tenta, arrefecer a luxúria que nos possui.

Perco as minhas mãos em carícias maliciosas, provocando em ti espasmos de prazer, provocando em mim um arrepio suavemente intenso de loucura. Perco meu corpo sobre o teu que me chama, perco o tempo, perco a alma, num ritmo louco, numa dança frenética que nos faz gritar de prazer.

E, subitamente, aquele silêncio ofegante, aquela inércia estonteante que nos faz jazer sobre os lençóis amarrotados da cama, mortificados os corpos, deliciadas as almas que se amaram à exaustão dum momento único entre nós.

...uma letra, onde tudo começa!

Regresso, gota, ao riacho que doce, corre por entre a vegetação. Volto, embrulhado em letras, a caminho desse mar salgado de páginas, histórias perdidas, instantes sonhados, vazios descritos, enfeitados. Regresso aqui, à fonte onde brotam os caracteres, onde os ícones se mesclam na frescura da manhã. Liberto-me, em jorros de frases perfumadas com as fragrâncias essenciais, simplesmente regresso, porque a saudade aperta e o apelo do oceano que se estende à minha frente é imenso.

Sou rio, e corro veloz, entre desfiladeiros de ilusões, quedas de sonhos, e pedaços de pesadelos. Sou a fúria feita de letras, a tranquilidade desenhada em lagos de água plácidas, ou o tumultuo dos remoinhos nas bifurcações de mim próprio. Sou a frescura que se faz ternura ao tocar a pele da tua mão, quando se mergulha em mim. Sou amante quando teu corpo desnudo se envolve em mim, contornando-te com parágrafos de ternura, alimentando-te a alma com o elixir dos segredos que se escondem por detrás de cada palavra.

Sou mar, quando a extensão dos meus braços se transforma no imenso espaço da tua alma, sou calma, quando o marulhar das ondas te embala, sono profundo no leito dos textos onde adormeces a sonhar. Contudo não passo de uma simples gota, uma letra, onde tudo começa!

-Bom dia amor

Escondes na penumbra a roupa solta que revela teus seios desnudos, é madrugada e dormes tranquilamente. A aurora penetra por entre o tecido que cobre as janelas do quarto. Fiquei aqui, toda a Noite olhando-te, velando o teu sono como um anjo da guarda. Agora os raios de Sol vêm acariciar-te a face, e revelam a tua sensualidade por entre as roupas. Contornos suaves do corpo que amei na Noite anterior.

A tua respiração compassada revela a tranquilidade que te invade não só o corpo, mas sobretudo a alma. Ao contemplar-te, ganho a certeza que fazes parte de mim, como se fosses a outra metade que repousa enquanto eu, desperto, atento, te guardo no sono, seguro na mão a alma dormente, embalo-a e mantenho-a quente.

O dia lá fora grita, agita-se e contorce-se, mas aqui, no âmago deste imaculado santuário, duas almas unem-se, num abraço apertado. Aqui o tempo suspende a agitação do quotidiano e o quarto é um templo onde o sagrado e o profano se confundem, onde o amor é também luxúria e onde o prazer se veste também de branco, como o cetim destes lençóis que te envolvem o corpo.

O relógio, no seu caminhar constante, arrasta-nos para a realidade de um dia acabado de começar, acordas, abres os olhos de mansinho e dizes-me "-Bom dia amor".

Sou livre!

Energia, fluido, máscara de Carnaval, instante em que me escondes as realidades. Momento, alucinação, percurso perdido, ilusão. Noite, fria e escura, perfeita e simples loucura. Não és nada, não és tudo, és apenas este mundo confuso. Luz, brilho e escuridão, amar e padecer, perdão.

Fantasma, sombra, percurso encantado em plena madrugada. Angústia, mágoa ou apenas solidão. Som vestido de mil silêncios, persegues-me em cada sentimento, por ruas estreitas, vielas recônditas, e becos sem saída.

Ainda assim sigo, persigo os ideais escondidos no âmago da alma, busca incessante do nada, que se transforma em quase tudo. Esgoto as forças, cravo os dedos na parede lamacenta da vida, e elevo o corpo que teima em resvalar no vazio, sinto as unhas que me doem sinto os músculos que cedem mas, ainda assim, escalo este muro, contra a força da gravidade, contra tudo, tentando libertar-me do peso que me arrasta para o fundo.

Chove, sobre meu rosto, lavando a Terra, limpando a Alma, este bálsamo que resvala por todo o corpo, refresca o peito, tonifica o espírito, é bênção divina, que me liberta, me distende a tensão acumulada, solto os dedos, da parede molhada, e deixo o corpo voar, sobre o vácuo, sou livre!

Caminhada

Num monte junto as poucas coisas que consegui. Guardo na alma a maioria dos instantes, na mente conservo as palavras e na pele levo os cheiros, essências duma vida inteira. Nos olhos, carrego em cada lágrima as imagens deste instante, momento de vida, sopro do destino que me trouxe aqui.

Não levo mapa, não traço rotas, limito-me a seguir o caminho. Às costas carrego o passado, pela frente estende-se o futuro, sou um caminhante, de passagem para outro lugar qualquer. Faço uma pausa entre vidas, percorro o curto caminho incerto entre elas, como um fio, que liga os novelos, destinos entrançados em muitas vidas, pedaços de todos e cada um de nós, de vós.

Preparo a alma, para atravessar o deserto, vazio de vida, cheio de "eus", questões e dúvidas por explicar, instantes e momentos por saborear, dores e males por sentir. Preciso compreender a informação que recolhi, tratá-la e aprender com todos os erros cometidos, com todas as lições recebidas.

Deixo atrás as histórias, montes de palavras, sentidos atados em fios de seda, sensações, toques e emoções acordadas em mim, por todos, despertas em vós, pelas letras que calmamente teci. Não me despeço porque não parto, despeço-me apenas porque fico, fico, calado, em silêncio. Falo para mim, escrevo-me, desenho-me e esculpo-me, preenchendo o interior que se foi esvaziando a cada frase, a cada beijo, a cada carícia.

Restauro as cores que o tempo empalideceu, reparo os buracos da alma, saro as feridas abertas, lambendo-as. Deixo-me ficar, por uns tempos, em mim!

Um

Meu corpo, tu, que visto de pele macia, contornos suaves e instantes de prazer. Preencho-te, invado-te como salteador. Derramo-me no teu sangue quente, faço-me do teu cheiro, perfume, essência. Segrego os teus fluidos, amarro-me aos teus cabelos, meu corpo, tu!
Escancaras-me a alma, asperges-me, purificas-me, em ti renasço a cada madrugada, em ti refaço-me numa explosão de silêncios, numa vaga imensa que lava a areia da praia. És vulcão que em mim implodes, lava quente que por meu corpo escorre, prazer que minha pele absorve.
E nós, somos um instante, momento aquele atrás desenhado, projecto jamais inventado que nos condena ao prazer da fusão, tesão, intenção de ser aquilo que queremos. Nesta amálgama de corpos contorcidos forma-se um novo ser que nasce dos alicerces do teu corpo abraçado no meu.

Antes do dia

Fluido teu, que em meus dedos se derrama, néctar almiscarado que brota de ti. Água cristalina que minhas mãos moldam em redor de teu corpo. Perfeição, sedução, que desenho em curvas tangentes a ti. Luz que ofusca teu olhar, deslumbra a tarde, no pálido anoitecer do dia.
Fogo ardente, que evapora a essência, prazer indulgente, inocência pura. És menina, és mulher, de traços marcados pelo vento que te

esculpe. És ternura, luxúria, no desenho que tua sombra marca sobre ténue ondulação do mar.
Sou oceano, profundo, que acolhe cada gota que se desprende de teu olhar, sou o teu mar, lago morno onde te deitas, abraço aconchegante onde te encontras, sou noite, antes do dia que a madrugada anuncia.

Átomos da mesma molécula

Espasmos e contusões acompanham o corpo que vacila entre o céu e o mar. O calor que desprende lágrimas de suor, sufoca a respiração que se solta como nuvem piroclástica num vulcão em plena erupção. Do dia se faz a noite, que adormece na agitação dos corpos em movimento e desperta, completamente rarefeita como o ar que consumimos nesta exaltação a que nos entregamos.
Depois, funde-se a matéria, derramam-se os elementos e correntes de fluidos ardentes que resvalam pelos corpos, arrefecendo aos poucos em contacto com o ar fresco que nos aporta as gotas de orvalho. Cansados, os músculos distendem-se, perdidos os sentidos reagrupam-se, tentando seguir um único caminho.
Neste lugar, fica para sempre o perfume da fusão, esta infusão de aromas feitos de corpos esmagados, sentimentos aguçados, dedos enlaçados que se perdem nas reentrâncias. O mar será salgado, pelo suor que deixamos ficar. O céu será azul por lhe esgotarmos toda a água que transportava e nós seremos sempre, átomos da mesma molécula.

Manhã submersa

É no prazer das curvas do teu corpo que encontra as margens do meu rio. Corro veloz sobre ti, nos desfiladeiros que me ofereces com a delicadeza e a suavidade do teu perfume. Faço-me da calma que encontro nos teus estuários e relaxo na maciez da tua pele. Desaguado na foz do teu mar, transformando-me num oceano imenso que abraças com a delicadeza das tuas mãos.

Sou a Noite, e descubro em ti a aurora, no desabrochar de um novo dia, nas gotas que resvalam do teu orvalho sobre o meu corpo. Manhã submersa na névoa misteriosa que te veste de cetim. Descubro-me na voz, o chilrear dos pardais, que invadem a manhã feita por ti, como meus dedos que voam por todo o teu corpo.

És o sal da vida, sabor de ti, que se escapa ao toque da minha língua sobre as protuberâncias da tua pele. És luxúria que devoro em pedaços suaves dum chocolate negro. O sol sobe alto, queimando-nos a pele, os corpos ardem no prazer que nos dá estarmos enlaçados nos braços um do outro.

Suspiro teu

Suave o toque das penas sobre o corpo despido. Dormente a alma embrulhada no tecido translúcido que te envolve. Silêncio prometido por entre este lago de águas tranquilas onde teu corpo descansa. Repousas, assim adormecida, qual bela fantasia por mim criada, qual prazer escondido por entre mil páginas dum livro outrora escrito.

Brisa quente, que derramas por entre a folhagem da floresta. Odor premente que me empurra para junto do teu corpo, ardente, o fogo que emanas, queima a ponta de meus dedos ao acariciar-te a pele. És vida, quarto crescente duma lua desenhada a carvão na tela branca da Noite, escura.

Música de embalar, perfume, bálsamo ou elixir, que me prolongas a vida e me acrescentas o prazer. Olhar-te é contemplar a luz a olho nu, sentir-te é tocar a eternidade, amar-te é preencher todos os vazios com um simples suspiro teu.

Regresso

Imensa é a Noite que me preenche a alma, vazio o espaço entre cada estrela, instante o prenúncio da tua chegada. Rasgo o tempo, em pequenos segundos, provo o sal do teu olhar em cada instante que me olhas. Nas asas deste vento, entrego-te o corpo, levando comigo a alma, na viagem eterna a ti.

Imenso é o oceano onde adormeço, qual ilha, cercado de ti, por cada lado meu. Intenso é o perfume que o sal da água me aporta, me prende no cais da tua alma. A Lua, é a luz que te aquece o corpo desnudo, o mar, o laço que nos une num abraço profundo.

Regresso, ao ponto de chegada, seguro na mão a flor que me deste, no peito carrego as estrelas que contamos juntos, e no olhar trago ainda o brilho dos teus olhos que me ofereceste na partida. Voltei a casa, voltei a ti!

Sonhos

Adormeces vestida de sonhos, o corpo jaze sobre os lençóis ainda perfumados com o nosso amor. Lá fora, as estrelas são buracos no pano do céu escuro da Noite, que antecipam a chegada de um novo dia. Deixo-me estar, ali, a teu lado, vendo na tua alma a vida correr, qual película de cinema mudo em tons de cinza.

Os segundos enchem cada minuto com divagações da minha mente, desenho-te mil vezes sobre a tela branca do tecto deste quarto de dormir, imagino as tuas expressões, antecipo os teus movimentos como que visionando o futuro numa qualquer bola de cristal. Tu, segues viagem, rio abaixo, saltando de nenúfar em nenúfar, de sonho em sonho.

Aos primeiros raios de Sol, deixamos a Noite para trás, abraçados, completamos agora o sono repousante que nos enche de energias para um novo dia que, lá fora, já chama por nós.

Amanheceu

Afasta-se a Noite, mas fazemos de tudo para mantê-la em nós, fechada, envolta nesse mando suave de cetim que nos cobre os corpos. É dia, mas as persianas fechadas simulam a escuridão, os raios de Sol, projectam-se como estrelas cadentes que vêm adormecer sobre a pele do teu corpo. Os teus contornos tomam proporções divinas quando abraçados por estes sabres de luz.

É manhã, e a brisa fresca duma Noite orvalhada penetra no espaço ainda quente, sentem-se na pele pequenas vagas de ar húmido que

nos alimenta. Não dormimos, não dormimos porque não havia tempo, ou, quiçá, tivéssemos todo o outro tempo do mundo para adormecer, e quiséssemos agora, neste mesmo tempo viver-nos, amar-nos e sentir-nos.
As tonalidades alteram-se, e os olhos adaptam-se à nova realidade, os corpos abraçados, sentem-se ainda atraídos, como a Lua e a Terra, numa dança constante em torno de si próprios e do outro. Os pássaros acrescentam a este quadro a música que pela noite fora foi orquestrada pelos grilos, e perdemo-nos no tempo, deixando-nos ficar até que a vida nos venha buscar!

Simetrias

É entre os reflexos do tempo que se encontram os mais sagrados segredos da eternidade. Entre a imagem real daquilo que somos e a imagem reflectida daquilo que fomos. O teu corpo, é igual simetria de sabedorias, sensibilidades e paixões. De um lado a realidade que enfrenta a agrura dos dias, ao outro lado, a sensibilidade que eleva os sonhos na noite que te adormece.
E o tempo, que a duas velocidades cresce contigo, levando a menina a fazer-se mulher, levando a mulher a tornar-se deusa. Eu, sou apenas as letras que ordenas em poemas perdidos sobre páginas de livros que se empilham na sombra das pedras que calcorreamos todos os dias. Sou o murmúrio que escutas na brisa do vento que passa por ti, te envolve, e te abraça como aquele apertado abraço que te deixei na partida.
E voas, igualmente simétrica nas asas, a que te conduz pela vida, a

que te leva pelos sonhos, esperando que um dia ambas sejam apenas um par, e juntos possamos voar.

Tonalidades

A luz some-se com o cair do dia. As tonalidades transformam-se, são pedaços de luz que se escondem em cada curva, são instantes do teu corpo que brilham na sombra da tarde. Curvas e relevos, momentos espaçados pelo sabor suave deste final de dia. Entre os sabores da tua pele, esconde-se o sol por entre alvas montanhas, teus seios o escondem num pôr-do-sol pintado sobre a palma da minha mão.

Teus cabelos são ramos, duma árvore imensa que me abriga do calor intenso da meia tarde deste Verão que aos poucos expira. Teus olhos são estrelas, planetas que salpicam o firmamento que leva o azul de tons bebé até ao forte azul do anoitecer. O Sol dormente, deixa um rasto de rosas que tocam o laranja que te incendeia o corpo desnudo.

Entre todos estes tons, me deleito, olhando o teu corpo mudar de cor, entre o brilho da manhã, o calor da tarde e a frescura da Noite que vem, de mansinho, abraçar-te, acolher-te num sono profundo de um final de Verão.

Margem

A suavidade da margem do teu corpo, adormece-me nas praia da tua pele. O vidro que nos separa, condensa em si toda a humidade que se desprende de ti, pareces um sonho para lá da realidade fria daquele cristal. A silhueta desnuda, reflecte para lá do corpo a alma intensa que reside em ti. Os contornos suavizados pela água que se desprende em pequenas gotículas, que resvalam ao sabor da gravidade, tornam-te uma simples miragem.

Os aromas que emulsionam a água que cai em cascata do chuveiro preso na parede, espalham no ar o perfume que sinto sobressair da tua pele quando me abraças. Do cabelo escorrido, enrolam-se cordas de água doce, que se precipitam até ao lago que se estende a teus pés, percorrendo-te todas as curvas, inundando-te cada recanto íntimo, para terminar, levando com ele, pedaços de ti.

Fico aqui, do outro lado desta barreira cristalina que nos separa, como se estivesse numa galeria, contemplando uma obra de arte. Espectador atento da tua sensualidade, vigilante dedicado de tua essência, anjo, guarda, de tua alma.

Escrevo...

Escrevo-te, para quebrar a solidão dos meus dias, acompanhar-te na solidão das tuas noites, por entre todo o silêncio a que te votas, abraçado nesse mar de estrelas que te entra pela janela. Escrevo-te na busca da perfeição, na onda distante que a alma agita, como um poeta que não rima. Escrevo-te porque quero ser a chama da tua

fogueira, porque quero ser a luz tremula que te ilumina a alma, a companhia que na distância te acalma.
Descubro-te, simplesmente pelo instinto, pelo sabor que provo no vento, gosto teu que me toca, instante aberto em que me entregas a verdadeira essência de ti. Desenho-te sabendo-te de cor, como se tivesses sido minha alguma vez, como se apenas te tivesse tocado, abraçado, beijado. Invento-te, na luz do dia, para que sejas real nos sonhos da Noite, e, escrevo-te, mesmo sabendo que não me lês, mesmo sabendo que já não me sentes, ainda assim te escrevo, com todas as metáforas que conheço, torneando cada palavra, embutindo nela o sentir que reluz como madrepérola.
E tu, aí sentada, olhando a janela e vendo passar lá fora o mundo, perguntas-te, sou eu? E eu respondo-te, sim és tu, tu mesma, que agora descobriste nas minhas palavras os teus sentimentos, nas minhas metáforas a realidade que vivias procurando. Utopia dirás, mas o que não é utópico? Até a própria realidade o será se deixarmos de acreditar nela.

Sonho...

A cada Noite, venho visitar-te na tua solidão, alimentar-te a saudade que sentes já sem saber. Agora os teus olhos vêem-me, o teu corpo sempre me sentiu, mas era uma presença imaginada, hoje sou uma imagem nítida na memória do teu futuro.
A tua pele recebe-me como a brisa do vento, que te abraça o corpo desnudo. Teus olhos cor do mar, vêm-me chegar montando Pégaso. Tuas mãos, desenham sobre a folha branca de papel, fazendo-me

real, dando-me forma. Num instante, salto do papel, ganhando vida, apeando-me da montada, pegando tua mão para beijar.
Ofereces-me teu corpo para abraçar, queres sentir os meus contornos e tocar a minha pele morena. Absorvo cada sabor teu, inalo cada perfume como elixir, que me dá vida, que me mata a sede desta ausência prolongada.
Estes breves instantes, entre um dia e outro dia, fazem da Noite um momento de partilha, tornam-na mágica e levam-nos ao lugar dos sonhos, onde se realizam as metáforas, onde nos encontramos a cada Noite. Depois, deixo-te de novo, com a aurora, mergulhada na tua solidão, nos sonhos que desenhas para ti, e despertas, abrindo os olhos, e lembrando-te logo ali, que sonhaste comigo.

Abraço eterno

Da minha essência deixo perder-se o perfume, que qual fumo se enrola no ar. De meu corpo desprende-se o sabor, que da pele se evapora no ar. De meus lábios solto a brisa, vento que arrasta de mim a alma no espaço vazio da noite. No olhar transporto o mar, salgado por entre lágrimas, revolto de emoções, bramindo em convulsões.
É do silêncio que nascem o som das tuas letras, palavras que cantam numa melodia suave, frases que crescem, se fazem mulher no teu corpo, se fazem companhia na tua alma, se fazem presentes no sonho que criaste para ambos. És mar, tranquilo e sereno que se funde no meu olhar. És chuva, lágrima salgada que se desprende sobre meu corpo.

Das estrelas desprendem-se raios de luz que iluminam teu corpo desnudo, são faróis que me guiam, desvendando sobre a tua pele os segredos mais íntimos. Neste encontro de corpos fundem-se almas nos céus escuros desta Noite em que te faço minha, em que me tomas nos braços e me sentes, num abraço apertado, eterno!

Mar

Escorre pelas mãos o tempo, como areia que se dissolve na água do mar. Passa por mim a vida, correndo como rio até ao oceano. Fico sentado, neste recanto de estrada, margem entre ficção e realidade, instante parado, pedaço de tempo que perco. Não sei onde estou, sequer se estou em algum lugar. Não sei como vim, de onde parti para aqui chegar.

Tu, bálsamo que suavizas minha dor, momento de prazer que me acolhe no meio da Noite. Só em ti encontro a alma, só em ti encontro a casa, o leito perdido onde me recebes de corpo aberto. Tu, tão somente tu, que no vazio me descobre, que na imensidão da praia me distingues entre grãos de areia, tu, apenas tu.

Silêncio, cala-se a vida, sossegam os murmúrios e a ausência torna-se presente, neste lugar vazio onde me deixo ficar. Chegas, nas ondas do mar, perdida na brisa do vento, ou no raio que rasga o céu escuro da tempestade. Teu corpo molhado, é areal onde me deito, abraço, apertado que me conforta, colo que me aconchega. Eu, teu porto de abrigo, onde aportas teu corpo, onde matas a sede da saudade e renovas a alma, no sopro suave dos meus lábios.

Água

Nasces em mim, como água pura, emerges do centro da alma, nesta noite escura, por entre o silêncio, a calma. És gota, esférica e frágil, que a outra gota te juntas, que a outras se abraçam num bailado profundo, e nasces, aqui, no meio de mim. És corrente, água frémente, que me lava. Cascata que a rocha desgasta, numa carícia suave. És rio, que atravessa a paisagem, que inunda a minha margem, carregando contigo pedaços do meu ser. És lago, de águas tranquilas, que me abrigas, que me abraças, afagas, adormeces.

Sou grão de areia, pedaço de rocha perdida, vagueado à deriva por entre as gotas do teu mar. Sou apenas a letra, que vazia, se inunda da essência do teu ser, se conjuga no entrelaçar de muitas outras que se lhe juntam, criando palavras que se empilham em frases sentidas por páginas a fio, que derramo neste oceano imenso.

Sabes, não sei se já te encontrei, se faço parte de ti, ou se simplesmente me enganei, e sigo aqui, esperando-te, mesmo depois de te ter visto passar, correndo, por um riacho, na força desta corrente que te há-de fazer mar.

Meu amor... Teu amor

Este é o fogo das estrelas, paixão perdida atrás nos tempos que encontras na minha Noite. Amor frémente que te arde, qual fogo, no peito. Eu, aquele abraço imenso com que a escuridão brinda o teu corpo despido. Minha boca, em teus lábios vem murmurar recados

dos sentidos que nascem no fundo das nossas almas. Tua respiração ofegante, quente, dissipa-se por todo o meu corpo, enquanto tuas mãos, maduras, correm os prazeres que, qual frutos de Outono, minha pele emana.

Neste bailado, as estrelas iluminam-nos e a Lua olha-nos, oferecendo-nos o seu brilho que se espelha nos olhos apaixonados de cada um de nós. Um suspiro solta-se e ganha asas, qual pomba, voando para o infinito, levando com ela laivos desse amor que paira sobre esta encantada noite que nos cobre, encobre e embala. Sussurro-te cada desejo, desenhando com palavras o Universo, nosso, onde cada estrela representa teu coração que palpita, cada galáxia a música que compões.

Meu amor, fonte inesgotável de sentimentos, que brotam, como água fresca que rasga a rocha para dar de beber à tua sede. Teu amor, aconchego, calmaria, lago de águas tépidas onde ancoro meu coração.

No teu poema

Nas letras do teu poema, encontro-te, contemplando a noite, a alma enlaça-se nas rimas, e a voz que não escuto, declama os versos, como se os escrevesses nesse instante, para mim. No teu poema, a luz nasce, entre cada estrofe, no ritmo do palpitar do meu coração que bate no teu peito.

O teu corpo, despido, espera pela brisa do meu vento, que o afaga, como se meus dedos se fizessem de nada e viessem acariciar-te a tua pele canela, descobrindo cada recanto teu, como se já te houvesse tocado um dia, te tivesse possuído, fosses minha naquele momento em que consigo rasgar a barreira entre as dimensões para estender o meu braço, abraçar-te.

A música embala o teu olhar, uma lágrima de saudade desprende-se, formando um rio que corre, face abaixo, percorrendo-te, deixando por todo o corpo as letras que me escreves, fazendo da tua pele, papel onde marcas a tinta os sentidos que me ofereces.

Neste instante, abro as nuvens, e deixo escapar do meu peito um brilho, que atinge o teu olhar, repousa no teu peito, levando com ele a minha pele, o corpo que te aquece a alma, te cobre, te descobre e te ama até nascer uma nova madrugada.

Sentes-me?

Sente-se, mesmo aqui, na eterna distância que nos separa, o calor imenso do teu corpo. Olho-te, na sensualidade do teu quarto, enquanto a roupa se desprende de ti, e me mostras a nudez da tua alma, embrulhada nesse corpo fremente. A pele arrepia-se ao sentires-me tocá-la, como um sopro, teus olhos encerram-se num desejo que os revira nas órbitas, teu ventre retrai-se como que contendo um espasmo de prazer. Sentes-me, percorrer-te por completo, as mãos, os lábios o corpo, tua alma incandescente, refrigera-se ao fundir-se com a minha.

Teus dedos, seguem minhas mãos nesta viagem aos teus sentidos, o corpo agradece e a alma mata a sede que a saudade reclama. Sinto o perfume do teu cabelo longo, o sabor da canela em tua pele, o calor que de ti emana. De olhos cerrados, faço-me presença em ti, transporto o corpo para alimentar o teu, levo a alma para abraçar a tua, nesta viagem transcendental ao nosso Universo.

Os corpos exaustos pelo prazer que se ofereceram repousam juntos no limiar das dimensões, espaço e tempo que nos separam, mantendo as mãos enlaçadas, conexão inviolada através dos séculos. As almas, feitas de uma só pela fusão, permanecerão ligadas através dos céus, atravessando o portal da eternidade.

Até que o dia amanheça...

No silêncio da noite, abres teus braços para receber a minha alma. Teu corpo despido, coberto com esse véu translúcido que suaviza os contornos da tua pele, abre-se para mim, oferecendo-me o prazer, o calor, a alma, que brilha no teu centro de gravidade. Venho, com a sede nos lábios, beber da tua boca, o gosto suavemente quente da tua língua que se enrola na minha.

Nesta noite, o meu corpo cola-se no teu, sentindo-te o coração acelerar, olho-te profundamente nesse azul, vislumbro nele o mar imenso que reténs no teu olhar. Ficamos ali, quietos, frente a frente, num instante, num momento, olhos nos olhos, corpo no corpo, alma na alma. Paramos com um simples toque a realidade que se separa, diverge desta dimensão, deixando-nos sós, no nosso próprio Universo.

Perdemos a noção do tempo, esquecemos o espaço à nossa volta, somos apenas uma corrente de energia que flúi, entre corpos colados, abraçados, sentindo-se, transferindo, trocando emoções em olhares fixos.

Fechamos os olhos, e beijamo-nos, intensa e prolongadamente, até que o dia amanheça...

O fim da Noite!

Coloco a mascara, escondo o rosto, recolho as asas, encubro o dorso. Deixo as palavras morrerem no peito, o jardim deixa de florescer à falta de raios de sol, de chuva que o avive. Esta Noite não faz mais sentido, não tem qualquer cabimento quando as letras se repetem em frases ocas, em textos perdidos em desvarios da mente que à falta de ter aquilo que não encontra se limita a brincar com os sentidos, com a alma, como se fosse bola em mãos de criança.

Recolho-me, enrolo o corpo sobre si próprio, como se fosse um envelope que se fechasse por dentro, selo a alma, apago a luz e as letras deixam agora de brilhar, palavras mortas, metáforas gastas num prenúncio de fim. Não estás, não estou, aqui, já, para te abraçar, para me abraçar. Por mais braços que invente, não encontro nas palavras os sentires que me permitam tocar, tocar-te, não estás aí!

O sol ardente, queima a pele, curte-a, abrasa-a, secando cada pétala, cada folha, num único e último suspiro, num pequeno sopro, que, anuncia o final da vida, o fim da Noite, o início do dia!

Para sempre!

Luz, que se cruza na sombra, realce de tua pele desnuda que reflecte os sentidos da alma. Noite inundada de estrelas, que me cobre o espírito e te trás até mim. A eternidade repete-se num ciclo de palavras que nascem no final de cada dia. A Noite chega, por entre tons de fogo na agonia de mais uma tarde. És alma pura, virgem imaculada que desponta no jardim da esperança. És passado eternizado nas páginas do livro da minha vida, letra nua, palavra crua, frase doce e terna que me afaga em cada texto.

No canto suave do vento, escuto a tua voz que chega duma outra dimensão, canção ritmada, rima incandescente de amor, saudade de um tempo por inventar. Falas-me, com a voz da brisa, e afago-te com as minhas mãos, perseguindo a silhueta do teu corpo, como se já o soubesse de cor, como se estivesses aqui agora, entre meus dedos, entre meus braços entre a minha alma. Não sei porquê, não sei como mas nasces, com a Noite, em cada dia que se apaga, como uma estrela em permanente cadência, e recebo-te, neste pedaço de mundo que ambos construímos, de braços abertos, de alma na palma da mão, absorvendo cada pedaço da tua fulgurante energia, renascendo das minhas próprias cinzas, fazendo de teu corpo, meu corpo, para sempre!

...sozinho, aqui!

Despertas da escuridão, envolta no perfume das flores que te cobrem o corpo. Desabrochas para a vida, depois da tempestade duma noite de pesadelos. Faz-se dia, antes mesmo que a a escuridão desapareça, porque o sonho afastou os temores, os medos. Dissipam-se as nuvens e o brilho da Lua ilumina o teu olhar. Teu corpo feito de prata reflecte os desejos que a alma anuncia escondida em teu peito.

Sou estrela que te visita, abraço terno que te acolhe no frio e na distância que te separa de mim. Sonho, de uma noite quente de Verão, ou, coberta que te afaga a pele num dia frio de Inverno. Sou letras, imaginação com que preenches o teu sono. Sou quase tudo, e praticamente nada. Acordas, no meio desta Noite, arrepiada pelo ar fresco da madrugada, ou por pressentires a minha partida antecipada.

O vento do norte vem-me buscar, e os raios do Sol adormecem o meu olhar, já não brilho no teu céu, já não te abraço porque a realidade te colheu, deixando-me ficar sozinho, aqui!

Vontade de te encontrar

Na penumbra do quarto sinto-te o corpo fremente, a alma ilumina-se, salta-te do peito em raios de luz. Ilumina-se a escuridão e nascem as sombras, vês-me sem me tocares, sentes-me, presença constante, caminhando a teu lado ao longo dos dias, amando-te pelas noites fora. Meu corpo invisível é trespassado pelo brilho do

teu ser, reconheces-me apenas pela sombra que projecto sobre tua pele despida.
Sentes o calor dos meus lábios cruzando os teus, e a intensidade do mar dos meus olhos quando vem molhar as areias das tuas praias. De minhas mãos recolhes o tacto com que te acaricias, sentindo-te minha a cada toque. No âmago de ti recebes meu corpo inventado, abraçando-o, deixando-o completamente entregue em teu corpo húmido de prazer.
Sinto no ar o perfume da tua pele, como se tivesses vindo até mim, como se estivesses aqui, minhas mãos deslizam no ar, contornando teu corpo acabado de criar. Pura magia, aquela que te faz viajar, até mim. Sonho, utopia, ou simplesmente vontade de te encontrar.

Naufrago

Navego em ti, rumo ao teu coração. Entrego a vela ao vento Norte, e o corpo à chuva fria feita de lágrimas salgadas pelos teus olhos. Enfrento a tempestade do teu corpo, sulcando ondas, vagas que me assolam a alma. Cavalgo a crista das ondas, procurando o equilíbrio entre a solidão imensa deste mar e a tranquilidade acolhedora do porto do teu amor.
Vou, voo, lanço-me no espaço vazio, agarrado aos meus sentimentos, procurando por entre as brumas a praia escondida do teu ser. Nada tenho a perder, sou apenas uma folha caída, neste Outono da minha vida, procuro apenas um lugar, que sei existir em ti, onde aportar, para simplesmente aí me deixar estar.
Derivo, perdido na imensidão do oceano que és tu, chamo-te e não

me ouves, grito e não me escutas, desisto e não percebes que fiquei ali, pelo caminho, entregue ao sal das tuas lágrimas, o corpo dorido, e a esperança derramada, dissolvida nessa água. E tu? onde estás? já não me sentes, quiçá! O mundo é imenso, tanto quanto o mar que eu navego, e quantas almas perdidas, procuram ser encontradas, antes do final das vidas!

Frio

O frio invade-me a alma, plena de ausências passadas, vazios feitos de nadas. Gelam-se os dedos, perdem-se as palavras entre as linhas do tempo, arrefece o espírito que se evapora nas nuvens escuras da tormenta. Cai a neve, sobre minhas folhas amareladas, sinto nos ramos o seu peso, como se carregasse comigo toda a solidão da Terra.

Faz-se a noite da ausência do dia, e eu, deixo o coração perder-se na falta de ti. O tempo passa por mim sem me cumprimentar, vejo-o ir embora e deixo-me aqui ficar, esperando eternamente a tua chegada. Cruzo as estrelas com um olhar, tentando lá te encontrar, perscrutando os céus, paraísos perdidos, em busca de te amar.

Perco-me do destino, desencontro-o para não ter de me cruzar, quero ficar, só, nesta noite fria, deixar de sentir o meu corpo clamar pelo teu, calar a minha alma e não chamar por ti, quero apenas ficar sozinho, aqui, esperando, esperando que venhas por mim.

Equilíbrio

Nasces de mim como prenda preciosa que guardo no ventre. Carrego-te no colo, protegendo-te de todos os vendavais, chuvas e tempestades que na vida te assolam. Protejo o teu corpo com o meu corpo, cobrindo-te com o calor de um abraço, sentindo-te aconchegar-te a mim.

Neste equilíbrio instável de corpos enrolados aprendemos aos poucos a partilhar-nos. Saboreio cada pedaço teu como se fosses eu. Sinto cada bater do teu peito como se fosse o meu. Absorvo o frio da tua pele despida, convertendo-o no calor ardente da minha paixão.

Nesta nova fórmula de amar, os corpos são invólucros que sustentam os sentidos, e estes ganham forma abandonando o abrigo para se tornarem independentes. Criamos o próprio Universo à nossa medida, semeamo-lo de estrelas perdidas, e sentamo-nos de mãos dadas no prado, a contemplar a luz que ele próprio irradia.

Amar-te assim, embrenhada em mim, é como ser tu, é como seres eu em ti, neste abraço enrolado, eterno, sem fim.

No teu silêncio

És tu, que no teu silêncio me escutas, que na tua distância me sentes, que na tua solidão me esperas. Sou eu, aquele que voa pelos céus ao teu encontro, que a cada Noite te abraça no vazio da tua alma, que a cada dia dorme em ti.

Teu corpo abandona-se às agruras da vida, tua alma mata a sede do

prazer que te negam nas palavras deste suco, deste néctar que te ofereço. Juntos, somos uma noite qualquer, onde as estrelas se fundem com o brilho dos olhares que nelas se fixam estarrecidamente, perdidos, na esperança de se encontrar.
Provo-te a pele despida, sabor salgado de ti, gosto distante que me adocica os lábios e me deixa a boca sedente do teu ser. Devoro cada sulco, cada curva que desfaço, cada recta percorrida em nós, como se fosses a última corrida dum velho carro. Toco-te, na ponta dos meus dedos, como se fosses cordas duma viola inventada, pedaço de música encantada que me embala para adormecer.
Tudo isto, num segundo, um momento de imaginação, em que os dedos escrevem sozinhos e as mãos, geladas, se deixam conduzir para te tocar.

A flor que de nós nasceu

És flor, delicada e bela, perfumada, singela. És rosa, vermelha, carmim incandescente, ou tão simplesmente, criação de minha mente. És mulher, perdida na noite, que encontro em cada madrugada vagueando em mim. És corpo despido, desprotegido, que me segue na ânsia de ser abraçado.
Sou palavra, morta, vazia e oca, que se perde entre frases. Sou texto sem autor, composição desprovida de senso. Sou nada, feito de muitas coisas, sou um pouco de tudo, de todos. Letra afogada num oceano de verbos, solitário na incessante busca do que não encontro.
Cruzamo-nos um dia, num recanto do sonho, num pedaço

esquecido do Universo. Uma alma despida de corpo, um corpo vazio de alma, tu a minha casa, eu o teu habitante. Num olhar que não se cruzou, entrei em ti, na força dos sentidos, instalei-me em teu peito e tu, tu abraçaste-me, recebeste-me em ti como a boca sedente recebe a água fresca. Eu acolhi o teu corpo, o teu calor, como um mendigo recebe um abafo em pleno Inverno.
Hoje tu ainda és o corpo desnudo, e eu, o xaile que te cobre a pele, nas mãos carregas a flor que de nós nasceu.

Olhar-te

Olho-te, na profundidade do mar dos teus olhos, sinto-te a alma palpitar. Invado-te, consentes a minha entrada, abrindo-me o corpo, desvendando-me o espírito. Minhas mãos afundaram-se na densidade suave dos teus cabelos de oiro, e minha boca prova o carmim dos teus lábios húmidos. Deixo os olhos abertos, e vejo-te na perspectiva de um beijo longo, num instante de intensa proximidade em que os corpos se tocam e as almas se amam.
Na memória guardo a tua imagem, o mar que se mescla com teus cabelos ondulados, o olhar que me chama, antes mesmo de me ter visto, o Sol põe-se detrás de ti, adormecendo o dia. Não sabes, mas a Noite espera-te para lá do último raio de luz.
No céu escrevi o teu nome, com as estrelas que agora brilham no teu peito. No vento, que te penteia chamei por ti, numa saudade antecipada, num grito premente. Não te vejo, não te toco, mas sei onde estás, conheço-te como sempre, sinto-te, cada vez mais, minha, como sempre foste, desde o primeiro instante em que

brilhaste no meu firmamento.

A tua realidade

Oscilações da alma, a realidade prende o sonho com correntes pesadas. Teme-se perder o rumo, a cabeça, a racionalidade. Mas o desejo chama-nos de uma outra dimensão, dia após dia, Noite após Noite. Cedemos, deixamo-nos levar. Não, não podemos, temos de racionalizar. Amo-te, minha luz de letras feita, mas não posso, não devo fazê-lo. E a realidade? Afinal és apenas um sonho de uma noite de verão. Não quero pensar-te, mas... preciso de ti!

Eu, aqui sentado neste cadeirão envelhecido pelo tempo, escuto as tuas ondulações, sinto os teus passos em frente, atrás. Acompanho-te nas hesitações, quando me amas, e quando decides que já não me queres. Não flutuo, mantenho-me firme na convicção de seres para mim quem és! Sei perfeitamente o que sempre foste em mim, o sentido que fazes na minha vida, na minha eternidade.

Sei de onde vimos, tenho a certeza do caminho que temos a percorrer, mas não vou desviar-te da tua realidade, afinal ela é limitada à vida do teu corpo, e esse jamais será meu, mas... a tua alma pertence à minha e jamais irá a lado nenhum sem me levar com ela. Espero, no silêncio da Noite, abrigado entre as estrelas de onde te observo embrenhada da tua pequena realidade.

Alma gémea

Olhas o céu, numa procura constante da tua alma gémea. Perguntas-me, na brisa do vento "-Serás tu, Noite?". Olhas cada estrela tentando ver-te no seu brilho, no seu jeito de cintilar. Eu abraço-te com longos braços de escuridão, salpico o teu céu de pequenos brilhos, letras perdidas no pano imenso desta Noite. Escuto as tuas dúvidas, percebo os teus anseios, descubro os teus segredos, menina, infinitamente doce.

Cresces comigo, lendo nos mistérios do firmamento, respostas que te levantam novas dúvidas, certezas que te fazem caminhar em direcção ao meu peito. Amor é a palavra certa, a que devemos usar para entender aquilo que procuramos, aquilo que descobrimos no seio da noite escura. Amor, aquilo que te ofereço, em cada estrela que cai em direcção ao teu peito.

Sabes, pequena estrela, há perguntas que não se respondem, pois ainda antes de as formulamos já sentimos a resposta, dentro de nós. Mas temos medo, medo de nos termos enganado e estarmos a caminhar à deriva em torno do nada.

Então, menina mulher, já sabes a resposta, ou não?!

Lusco-fusco

Fechas o corpo sobre ele próprio. Guardas-me no teu âmago, como o silêncio guarda os sons que mais gosta. Fechas-te na sombra do dia, para recordares a Noite. Para lá da janela fechada a luz queima o olhar. Aqui, no lusco-fusco, sentes-te abraçada por mim, e eu, sinto-me dentro de ti. São assim os nossos encontros, fugazes como o relâmpago, intensos, como a tempestade. Nada se escuta, apenas na mente ecoam as nossas conversas, falam as almas no som deste silêncio. E contas-me, e dizes-me, e amas-me, aí mesmo, dentro de ti.

O teu grito silencioso chega-me no primeiro raio de luz da manhã. Escondido de sombra em sombra, salto de galáxia em galáxia, por entre dimensões até encontrar o teu corpo, despido que espera por mim nesse canto perdido. Chego, afago-te os cabelos de seda, toco-te a pele canela, perfume, essência de mim. Beijo-te os lábios carmins, e entro em ti, deixando o meu corpo ficar à tua porta, encostado ao teu, num abraço profundo.

Entre as brumas, dançam as almas, ao som deste tango intenso, sensual, falamos, sentimo-nos, beijamo-nos e deixamo-nos estar entre dois mundos diversos, aproveitando a pausa que o tempo tirou para mudar de segundo. Tudo parou menos nós, lá fora os nossos corpos congelaram o instante num abraço, aqui, no nosso mundo selámo-lo com um beijo.

O amanhã

A eternidade é um estado de alma, um instante no tempo em que o corpo se perde e apenas a alma sobra. Neste espaço infinito, viajo por todas as dimensões, o corpo feito de energia, luz pura, risca este túnel entre os tempos em direcção a ti.

Encontro-te, espalhada por vários corpos, em diversas épocas ao longo desta história imensa. Em cada uma delas, eu sou um personagem diverso, mas sempre próximo, por vezes muito próximo de ti.

Sabes, estou sempre aqui, no lugar onde vens a cada noite sonhar, neste mundo perdido que visitas ausente do teu corpo, onde a leveza é o teu próprio ser e a beleza a tua própria alma. Eu, sou apenas o espaço, a tranquilidade e a paz que encontras no centro de ti própria.

A Noite é o instante propício em que os silêncios abafam a realidade e o corpo permite ao espírito evadir-se-lhe, abandonando-o por algumas horas em troca do seu próprio descanso. O momento de magia inicia-se na penumbra do entardecer, quebrando-se apenas com a aurora, o amanhecer. Somos o passado e o futuro do outro, não temos presente, mas sonhamo-lo a cada sono, há espera do amanhã que está por vir.

Próxima paragem

Amam-se as letras em singelas palavras, frases feitas de sentidos por tocar, de gostos por revelar.

Amam-se as almas em laços ternos de suave cetim, profundo instante em que te amarras em mim.

Amam-se os corpos solvidos na paixão que o tempo não pode apagar, no abraço terno sem pensar.

Não há noite como a tua, não há dia em que não sejas única e exclusivamente minha. Não há música que não te toque, com os dedos que são meus. Danças, soltando o corpo, numa imagem que fixo na memória do tempo. Sigo-te na cadência de teus movimentos,

acompanhando-te sem te tocar, meu corpo persegue o teu, sem se encostar.
Somos vida, luz e cor, como raios de um único sol. Somos água quente e fria, que se tempera na fusão das paixões. Somos tudo, somos nada, mas ainda assim não podemos deixar de ser. És a boca com que falo, as letras com que escrevo, o passado que me segue e o futuro que me espera.
O nós espera pelo tu, pelo eu, para que juntos possamos completar o caminho para a próxima eternidade.

É Natal

A neve chegou, e com ela parou-se a vida. Tempo de meditação, suspenso no ar frio da manhã que se avizinha. Cessaram os ruídos e tudo lá fora adormeceu. Saio do casulo, deixo o corpo para caminhar sobre a terra gelada. De alma solta deixo o vento envolver-me e transportar-me por entre os galhos despidos das árvores.
Ao longe o fumo quente solta-se da chaminé duma cabana perdida na floresta. O rio, quase gelado serpenteia por entre vales e do céu toldado de nuvens desprendem-se flocos de neve. Sente-se a paz, a tranquilidade deste suave amanhecer, a alma repousa das agruras da vida embalada por este momento. Escuta-se ao longe os sinos a anunciarem as cerimónias, e aqui no alto da serra o silêncio voltou a instalar-se.
É Natal, e por instantes descubro a verdadeira essência deste tempo, ao ver-me de novo menino, na inocência de um corpo jovial,

mente virgem, sentimentos puros, aguardando com frenesim pela prenda desejada, pela felicidade de estar em família, pelo prazer de partilhar o carinho, de alegrar a alma, confortar o corpo no calor ameno da minha pequena casa.

Nesta pausa, entre um ano e o outro, desejo-vos a vontade de ser outra vez crianças, encarar o mundo com a inocência de outros tempos, para assim entender melhor a essência deste tempo, perceber porque se nasce agora.

De volta a ti

Sombras e luzes, contornos suaves do teu ser. Espaço, vazio imenso onde me esperas. Na Noite rasgas o meu céu com a tua silhueta, abres-me o teu mundo com um pedaço de brilho. Alma pura, calor intenso que meu corpo absorve, naquele abraço apertado que o teu corpo me oferece.

Amo-te, assim, na inexistência física de ti, na ausência permanente que me assola. É ar, puro e fresco, que as mãos moldam fazendo-te imaculada em minha frente. És estátua, simples olhar que o vazio preenche. Utopia platónica, singela flor que esparges teu perfume na madrugada fria deste Inverno.

Tocar-te será sempre a miragem de um dia intenso de calor, que meu corpo clamará em cada passo neste deserto da vida. Beber-te, será tão só uma ideia de água fresca que nasce nesse oásis dos teus lábios. Sentir-te o toque da pele será apenas e só, o sonho de saber o gosto de ti na ponta dos meus dedos gélidos.

Mas amar, é muito mais que tudo isso, é a sublime forma de querer ter a tua alma na minha de querer e poder sentir-te em mim em cada segundo, e ter a certeza que amanhã serás completa e inteiramente minha.

Chama eterna

Arde o teu fogo a chama lenta, ilumina a minha Noite escura. Tua alma quente, queima-me o corpo dolente. Provo o gosto doce dos teus lábios, danço no crepitar da lenha, sarça-ardente que me devora.
Simultaneamente, és brisa de leste, frio agreste que arrepia a pele, água fria que refreia minha mente. Luz do dia que apaga a noite, simples fantasia que me desperta.
No equilíbrio deste singelo trapézio, dançamos, entre os limiares, agarram-se os corpos com medo da queda, seguram-nos as almas em fios invisíveis, como marionetas em teatro de crianças.
A fragilidade das tuas mãos, que se enlaçam nas minhas, lembram-nos que a ausência é apenas o ponto de partida e, que, à chegada estaremos sempre ali, para nos recebermos de braços abertos, como este lume aceso que aguarda que o teu corpo seja meu.
A labareda eterna, arde na pira do destino que queima segundos, dias e meses a fio, como o corredor salta barreiras até cruzar a meta, que a cada passo fica mais perto do início da corrida.

Pranto

Adensam-se em mim as memórias de séculos passados. Pedaços, retalhos de vidas vividas na constante espera do regresso de teu corpo ao meu. Escrevo cada dia uma nova página, uma carta, um hino ao futuro da nossa vida. Hoje, abraçado por estas nuvens que em vagas se precipitam sobre mim, naufrago na praia do passado, sufocado pela ausência de ti.

Embalam o corpo, ondas perdidas que morrem em meu peito. Vagueio, sem rumo no céu escuro, na Noite fria, pálido desejo de ser teu, fome, vontade de me deixar ficar para sempre em ti. A alma lateja em agonia crónica, o coração pulsa em ritmos altos, rasgando as veias que não comportam o fluxo das emoções.

Hoje sou escuridão, como a noite da minha essência, sou nuvem de tempestade que chora sobre o próprio corpo, lágrima salgada que adoça o oceano revolto. Sei-te, de diversas maneiras, em corpos diferentes, criança pura, mulher adulta, ou simplesmente pomba branca que rasga em duas a alma dum homem que te quer abraçar, num voar distante dos sonhos de sempre.

Deixo de estar, de ser, ou dizer, não escrevo, apenas fico, espero e escuto, sinto e aprendo que não posso ainda fazer-te minha, porque simplesmente não és de ninguém.

António Almas

Perdida

Vasto é o ar onde me perco, caminho diluído de lágrimas e prantos. Água salgada, lágrima do meu desencanto. Procuro o teu reflexo por entre cada gota deste líquido amargo. Procuro a tua alma neste rio de luz que me ofusca. Chamo o teu nome, com a voz da minha essência, neste silêncio avassalador que me consome.

Sei onde estás, mas temo não te encontrar lá. Sei que te escondeste, que te fechaste na tua concha protectora. O quotidiano afogou-te neste mar de medos, tormentos e pesadelos. O brilho da minha alma não foi suficiente para te iluminar e as trevas tomaram conta de ti. Mas quero que saibas, que continuo aqui, neste barco que deriva em todas as direcções, procurando encontrar-te, recuperar-te para o meu peito vazio.

Vagueio oceano fora, escutando, procurando pelo caminho que me há-de levar a ti, liberto-me de corpo pesado, e deixo a alma conduzir-me qual anjo alado ao teu encontro. Com um murmúrio canto-te e deixas me entrar no teu mundo onde me abraças e sentes o calor em mim, a ternura e o afecto, o amor e a paixão que hão de deixar-te imaculada, brilhante como a luz suave da Lua que nos cobre nesta nova Noite.

Sabes que sempre te encontrarei, pois em meu peito carrego um pedaço de ti, qual farol que pulsa luz em teu redor.

Uma noite...

Sente-se no ar o teu perfume, em meu rosto o calor do teu. Recebo-te, nesta visita aos meus sonhos, como se fosses real, como se estivesses em mim. Sinto a tua mão sobre os meus olhos, cobrindo-os, não queres que te olhe. Escondo também o teu olhar com a minha mão, nossos lábios silenciam-se pousando sobre os rostos. É noite, e vieste visitar-me aos meus sonhos.

Minhas mãos sentem o toque da tua pele, respiro o ar que expiras, como que absorvendo-te a alma, quero-a, minha, devolvendo-te na minha expiração a essência do meu ser. A Noite cruza os céus, e deixa-nos ali, abraçados numa forma invulgar de amar, duas crianças que na sua imaculada pureza se desejam duma forma diversa.

As estrelas são gotas de chuva celestial que se desprendem dos céus e se precipitam sobre nossos corpos inocentemente despidos.

Não sei quando voltarás, se voltarás ainda nesta vida. Mas, neste momento em que te sinto, o tempo não conta, deixou de existir, ficando apenas o amor que em nossas almas habita. Não importa se, quando a manhã chegar já não existes aqui, se quando o Sol raiar se desvanecem as esperanças em mim, apenas agora, que nossos corpos partilham o mesmo ar que respiramos, que as almas se fundem numa única e verdadeira expressão do Amor eterno, importa sentir os dedos da eternidade embrenharem-se em nossos cabelos feitos de ventos de esperança.

Acorda-me o dia, e de ti apenas o perfume invade o quarto, recordação de uma noite em que me visitaste nos meus sonhos, me beijaste e te despediste da minha vida!

António Almas

Quem sabe um dia...

Mergulho as mãos no mar, como se quisesse aprisioná-lo entre meus dedos, como se desejasse fazer dele teu corpo, moldá-lo, senti-lo como se fosses tu. Escrevo sobre a areia molhada, os versos que te não disse, sentidos reprimidos pela frieza do quotidiano. As ondas quebram as frases, apagam os desejos e arrefecem o corpo, molhado, arrastando para o fundo do oceano as esperanças escritas.

Abandono-me nesta praia deserta, esperando que a maré leve o corpo, pois a alma à muito partiu, quiçá me encontres ainda com a réstia de vida que faz bater o coração e alimentar a mente, mas, o espírito partiu, para uma viagem através dos desertos da eternidade, vales de sombras, florestas geladas, numa travessia da minha própria solidão.

Quando a alma se abre, como vela de um barco à deriva, recolhe em si todas as brisas, todos os ventos, enchendo-se, mas, a cada tempestade o pano cede às forças da natureza rasgando-se em pedaços, perde-se o rumo e o navio perde-se na solidão do vazio. A Noite, traz com elas a estrelas e o silêncio que lhe permitem adormecer embalado pela suavidade das ondas.

Quem sabe um dia, se descubra a alma deste corpo, que jaz inerte sobre a areia da praia. Quem sabe um dia alguém seja capaz de lhe devolver a vida perdida. Quem sabe um dia...

Visita nocturna

Esperas-me entre as brumas da noite, o corpo treme invadido pela ânsia do regresso às suas origens. Venho suavemente, como uma brisa de final de tarde, escondo-me por entre as árvores e espreito-te. Deixo que o Sol se apague, e antes mesmo que a noite se instale, passo pelos teus cabelos, afagando-os com uma brisa suave.

O céu escuro, preenche-se de estrelas, e do nada me faço gente, corpo presente. Sentes-me, abraço-te encostando o meu peito às tuas costas, minhas mãos procuram os contornos suaves da tua pele, desenhando-te colada ao meu corpo. Inalo o teu perfume, que me transporta no tempo, levando-me para lá da eternidade. Deixas-te estar, entregas o teu corpo ao meu, absorvendo cada toque que persegue os teus desejos.

A música solta-se no ar, e os corpos comprimem-se num abraço apertado, fusão perfeita de curvas e concavidades que se encaixam como peças de um mesmo corpo. Encontramo-nos por instantes numa mesma dimensão, onde os corpos se materializam e os desejos se realizam. Um momento fugaz, roubado à realidade, onde seguramos por um fio invisível o tempo, que se pára na ponta dos dedos, permitindo-nos prolongar entre um segundo e o próximo a nossa própria eternidade.

António Almas

Amamo-nos

Hoje sou real, sentes o calor das minhas mãos a deslizar por todo o teu corpo, moldando-o em cada curva que descobre. Sentes o sabor da minha pele, aroma de canela que saboreias a cada beijo. Posso sentir teus longos cabelos roçarem o meu peito numa carícia arrepiante. Sentes a minha respiração ardente contornar-te o pescoço, minha língua de fogo desenhar-te a orelha.

A penumbra que nos envolve, abraça o silêncio que se escuta, neste instante em que a realidade se faz de sensações puras, palpáveis. Encostas-te a mim, envolvo-te por completo em meus braços, os corpos desprovidos de roupa colam-se, as essências, fragrâncias, envolvem-se criando um novo perfume, feito do sabor doce da tua pele, do gosto a sal do meu mar, onde mergulhas para sempre.

Ali nos amamos, escondidos nas sombras que a noite nos oferece, libertando-nos das amarras que nos prendem. Os corpos dançam, em ritmos desgovernados, as almas cantam a música suave que os embala, amamo-nos, intensamente, como se quiséssemos numa só vez dissolver a saudade de séculos, como se esta fosse a primeira e última vez que a vida nos proporcionasse o instante de poder ser um do outro, para sempre.

Inspiração

Sinto as curvas suaves de um corpo perdido entre nossas almas, sinto o perfume que invade o ar que respiramos, entranhando-se na pele, no corpo que é nosso. Sinto o calor do abraço, apertado, chama lenta que abrasa a libido, e nos aquece a alma com o amor que sabemos fazer. Tocar-te, é esculpir a Deusa que descubro em ti, sentindo cada parte deste todo que se faz da tua alma e termina em teu corpo.

Deitados sobre a brisa que nos transporta, somos apenas energia que flúi entre corpos, amor sob a forma de sentires, palavras sobre forma de mil textos por descobrir. De amor te faço cada letra, de paixão, acesa e viva, faço cada frase, de prazer, intenso e puro, faço cada parágrafo que te escrevo na ausência, na distância e no vazio. És aurora boreal, luz que rasga as trevas, inspiração, utopia e lenda, um mito que não me canso de declamar.

Aqui sozinho, no meio de todas estas estrelas, inalo o amor que me ofereces no vento que me afaga o corpo, inspiração profunda, expiração ausente, querendo manter-te bem dentro do meu corpo. Num último e derradeiro suspiro, liberto-te, deixando ficar em mim o prazer de haver-te possuído por um singelo instante.

Caminhada

Procura constante, vazio perpétuo que me segue como sombra, na longa caminhada. Sou letra que forma palavras, sou frase desfeita, feita de nadas. Anjo perdido em busca do céu, viajante à deriva por textos sem sentido. O mundo que levo no peito, silêncio contido nas letras que escrevo, luz e saudade, esperança e eternidade.

Bebo de ti, gotas de inspiração, colho-te do peito a própria invenção, metáfora, sentido, até ilusão. Matas-me a sede, com teu sopro de vento, afagas-me a pele com teu sentimento. E nasço, a cada frase tua, em cada sonho que te faço viver, e morro, a cada silêncio, na escura solidão da noite, por saber que apenas és a letras que passo a escrever.

Vagueio pelos textos que crio para ti, como se me lesses em cada olhar que imagina a palavra, como se fosses real. Encontro-te, cruzamo-nos nas dimensões em que vivemos, passamos sem nos tocar, deixamo-nos ficar, a olhar. Segues o teu caminho, eu a minha quimera, adormecendo sobre o livro em branco da vida, na esperança que o amanhecer me traga as palavras que te devo escrever.

Amar-te assim!

A chuva cai, como lágrimas salgadas que se desprendem de teus olhos. O corpo molhado revela tua silhueta, o cabelo longo, escorrido por fios de água cola-se a teus ombros. Vens ao meu encontro, caminhando em passos firmes, como se tivesses a certeza do teu mais intimo desejo. Aqui parado, vejo-te chegar, percebo nos teus contornos a saudade por matar, o fogo que arde em teu sangue, e o desejo de finalmente nos podermos encontrar. Roubo ao céu uma estrela, que sustento entre mãos. Prendo-a em teus cabelos, iluminando tua aura. Teus lábios carmins murmuram o meu nome, como se me conhecesses de toda a eternidade, e não fosse esta a primeira vez que me encontrasses. Ficamos ali, separados por uns escassos centímetros, sentindo já o calor dos corpos, abraçando já as almas, segurando o desejo que os corpos clamam, aprofundando no olhar o prazer que sabemos já sentir, antes mesmo de nos tocarmos.

Fez-se silêncio, a chuva cessou, o tempo parou, no instante em que as bocas se deram de beber, num beijo doce. No momento em que os corpos se aninharam num abraço apertado, as almas dissolvem-se na fusão perfeita dos seres que se amam e se sentem, a saudade afoga-se no mar imenso da paixão, deixando para trás o mundo inteiro, poluído de adversas realidade, ruídos e agressividades.

Faz-se luz, na noite cerrada, faz-se música no silêncio perdido e voamos, corpos entrançados, rumo ao Universo escolhido.

É amar-te assim,
Saber-te em mim,
A cada instante!

António Almas

Anjo da guarda

Sob o olhar atento da Noite, parto numa viagem em direcção ao infinito. Procuro em todas as dimensões, escutar os prantos dos que sofrem. Deambulo pelas ruas desertas das cidades, pelos portos vazios de barcos, cais de lágrimas que chorámos. Voo por entre corações quebrados, olhos molhados pela saudade do que não encontrais. Acaricio os rostos, e num sopro, seco-os, desenhando-lhes um sorriso. Ofereço-vos a minha alma, em troca de doces e meigas palavras. Entrego-vos as letras, metáforas da minha essência para que descubrais a luz que brilha em vosso peito.

Fico, e amo-vos, abraçando cada desespero, transformando cada lamento em profundo amor que vos deixo. Minhas asas aconchegam vossos corpos desprovidos de roupas, apuram-vos os sentidos, reconstroem-lhes as almas, com pedaços do meu próprio ser. Digo-vos aquilo que já sentis, limito-me a ajudar-vos a descobrir-se. Deixo-vos em minhas frases o alento de que precisais para seguir em frente, a confiança que haveis perdido ao longo do caminho e, o vosso próprio amor, que não sabia onde o havias perdido.

De feridas saradas, com um sorriso no rosto e asas abertas, tomais o rumo do vento, e eu sopro, para que ganheis altura. Vejo-vos, seguir em frente, até ao fio dum horizonte onde nunca pensastes chegar. Cansado, e com o despontar do dia a queimar-me o olhar, parto, vazio por dentro, pleno na alma, em direcção ao meu porto de abrigo, concha em que me fecho para repousar, até uma nova Noite acordar.

Explosão

Ilumina-se a noite com uma explosão de luz, como se o mar houvesse empurrado a onda contra o cais, como se o vento soprasse uma rajada que varre a areia da praia. Fogo desperto, erupção constante de sentidos aprisionados, libertados pela palavra, escrita, sentida, de um corpo indolente, naufragado no oceano da solidão, por um instante, em pleno turbilhão, se eleva e se faz luz, na plena escuridão.

Abro em ti a caixa de Pandora, segredo escondido que trago na mão, chave mestra que te abre o coração e te despe a alma. Planto sementes de letras em teu solo fértil, de onde nascem árvores de palavras com força incontidas, libertando os desejos, acordando as paixões outrora escondidas das multidões. Vens a mim, com a fúria da tempestade, tocando-me o corpo ainda dormente, acordando-me a mente.

Sinto a força, a energia que se desprende, de um corpo despido, prazer contido à espera do segredo, palavra mágica que soltará de ti todos os sentimentos, explodindo num mar imenso de letras feitas de espuma das ondas que a praia abraça. És turbilhão, constante emoção, acordada, arrancada a Morfeu, que em raios de luz percorre o Universo qual fogo de artifício, orgasmo contido em pleno céu.

Presença constante

Abraço teu corpo desnudo, perco-me na suavidade da tua pele, na doçura dos teus lábios, na profundidade da tua alma. Amo-te assim, na madrugada escura da Noite, como se estivesses em mim, guardando em meus lábios o sabor dos teus que a cada instante me beijam. Amo-te de corpo e alma.

Não me escutas? Não me sentes? Estou aqui! Em cada instante da tua ausência, em cada um dos teus silêncios, escuto, ainda que apenas seja, o bater do teu coração. Sente o calor da minha mão percorrer-te a face, enxugar a lágrima que resvala em teu rosto. Sente a minha respiração em teu ouvido, meu pranto, meu gemido.

Ainda que no céu não brilhe uma única estrela, ainda que de dia não se sintam os raios do Sol, será constante em ti a minha presença, estará presente em ti a minha força, levarás eternamente na mão a flor que te dei, que inventei para ti, num traço suave de amor e ternura.

O teu corpo e o meu

Esperas pelo tempo, na vontade que este te leve com ele. Esperas-me no limiar desta dimensão que construímos juntos com as próprias mãos. Seguras entre dedos o gosto suave do meu corpo, essência minha que em ti deixei, para saber regressar ao meu lugar em ti. Hoje olhas as estrelas. Perguntas-te qual delas tem o meu brilho, onde habita o meu corpo, disperso entre as cinzas deste fogo adormecido. Nas vagas do teu mar, envolves o meu olhar, lágrima solta que se desprende na saudade de te encontrar.

Olho-te, longe, como única estrela em meu firmamento, aqui a noite é completamente escura, apenas tu, reflectes nela o teu olhar, brilho azul de mil sois, silêncio musicado em mil letras. O teu amor sustenta o meu corpo, alimento puro, néctar, mel e simultaneamente alento, que na distância mata a sede, absorve a tristeza e me dá a esperança que guardo em meu peito.

Recebo o toque suave de teus dedos que se entrançam em letras, palavras e frases que acolho, recolho e guardo em mim, como tesouro escondido, como sonho que me atrevo a sonhar acordado. Sopro com a suavidade da tua pele o amor que ofereço em pétalas vermelhas de uma rosa desfolhada pelas formas que recordo ainda do teu corpo esbelto.

O tempo, espera-nos, mais adiante, no caminho do nosso destino, para juntar o dia e a noite, o rio e o mar, o teu corpo e o meu.

No teu mundo

Em cada pétala descubro o gosto suave do teu corpo inventado. A maciez com que deslizam os meus dedos pela tua forma, percorrendo caminhos suaves de canela e jasmim. És um mundo inteiro, que percorro sobre minhas mãos, onde habito e adormeço em cada manhã, exausto do prazer de te sentir por toda a noite, em mim. Bebo os teus fluidos, água de vida, prazer e êxtase. Degusto os teus encantos, maná escondido em recantos, alimento que me dás.

Caminho sobre tua pele, nos trilhos do desejo que me deixas sentir,

mergulho no mar dos teus olhos, água salgada e tépida que me abraça em lágrimas de felicidade. Minha língua adormece em tua boca, devorando a doçura dos teus lábios e assim aconchegado a ti, durmo nos teus seios. Este mundo, que gira sobre si próprio, escondendo nas sombras da noite os mais íntimos segredos, desvela-se para mim, despido de todos os preconceitos.
Entrego-me à tua geografia, sentindo as palpitações deste mundo vivo que é o teu corpo, qual flor que se agita na brisa do vento que passa. És jardim, beleza pura, ou, simples ternura que me absorve. Vivo em ti, viciado no prazer que me ofereces ao amar-te em cada dia, como se este fosse o último e derradeiro dia da nossa própria existência.

Horizonte

Esconde-se o dia por detrás das colinas de teu corpo. A Noite sente a tua presença, a alma dissolve-se no ar fresco, mesclando-se com as estrelas e os aromas. Daqui, vejo-te estendida no horizonte da tua vida. Tuas pernas tocam o céu criando a linha que os separa, teus braços estendem-se qual planura interminável, num abraço terno ao firmamento. Nos vales, ora de suaves contornos, ou profundas falésias, escondes o prazer, lugares secretos que me ofereces em descoberta. Nas colinas, parábolas perfeitas, deixas meu corpo descansar, contemplar a vastidão de ti, num olhar penetrante que te toca em todos os sentidos.
Fico aqui, sentado, contemplando-te, preenchendo a tua noite enquanto dormes, como se fosse o teu anjo, que te guarda, como se

esperasse que a qualquer momento despertasses e conseguisses ver-me, tocar-me, sabendo antecipadamente que, ainda que despertes, não me verás, apenas sentirás o perfume da minha essência, a presença, mas nunca o calor intenso deste corpo, ou o toque dos meus dedos em tua pele canela.

Desponta a manhã por detrás de teus cabelos de oiro, o céu recolhe as estrelas e pinta-se em tons de azul intenso dos teus olhos, nasce a luz de um novo dia, o corpo eleva-se, cruza-se com o meu, atravessa-o, sentindo um arrepio, chamas o meu nome pois pressentes-me aí, respondo mas não me ouves, num gesto de despedida, beijo teus lábios, e sentes na boca o gosto adocicado do mel dos sonhos.

Abraço profundo

Amo-te sob o olhar atento das estrelas, brilho da luz de teus olhos que nos abraça os corpos. Amo-te sob a Lua que nos espreita, qual confidente, sempre presente em nós. Amo-te sob a Noite, escuridão que nos cobre, encobre e descobre em cada toque. Amo o teu corpo, cetim suave que desliza sobre o meu, pétala macia, Gerbera branca que no leito escuro salpica os lençóis formando o Céu, aqui, na Terra.

Escuto a tua voz, canto de sereia, mar azul que me inebria. O silêncio cobre-se de ti, ao entregares em mim o teu prazer, sentido profundo do teu amor em mim. Não há noite mais clara, não há Sol que mais brilhe que o teu sorriso misteriosos, envolto em teus lábios doces, sempre que me beijas, sempre que me dás o teu amor.

Esta canção de amar, cadência perfeita dos sentidos, paixão escondida em segredos, desvela toda a loucura que é saber amar-te assim, tão ternamente, assim tão calmamente. E nem a maior tempestade assolará a nossa alma porque sabemo-nos um no outro por todo o sempre. Porque as amarras que nos sustenta são feitas de doces fios de seda que nos enleiam num abraço tão profundo como o oceano da nossa vida.

Fada dos sonhos

Chegas na sombra da noite, com asas feitas de estrelas para iluminar o meu sonho. És fada, de poder alquímico que me esparge de pós de oiro. És a luz da Noite, que aclara o céu escuro e toma nas mãos o Universo inteiro. Vens em busca do meu perfume de rosas, essência que em mim deixaste em outras eternidades, quando ainda não sabias voar.
Adormecido, sobre o leito vazio do quarto, não sei se te sonho, ou simplesmente estou acordado. Mas vejo-te, sinto-te e toco a tua pele, como se de cetim fosse feita. Com a candura de tuas mãos, afagas-me o rosto, aconchegando-me em teu peito, desnudo. Adormeço, entregue à tua guarda, fada mágica.
Atravesso as barreiras que o Universo criou para as dimensões e encontramo-nos juntos, num prado verdejante, descalços sobre o caminho suave de ervas frescas onde andamos, para tocar o horizonte que vem até nós, oferecendo-nos o arco-íris. O Sol de meia tarde doura-te os cabelos longos e faz brilhar o azul de teus olhos como se fossem o próprio céu.

Lá fora o galo anuncia o raiar do dia, num instante a magia dissipasse e tu, não estás mais ali, quando o primeiro raio de Sol me abre com suavidade os olhos. Desperto, e a realidade toma-me de assalto, invadindo o meu mundo, escondendo bem fundo o meu sonho.

Tatuagem

Escrevo em teu corpo como se fosses meu papel. Desenho em tua pele. Na ponta dos meus dedos levo as tintas com que te envolvo, no meu olhar a luz com que te ilumino. Resvalam na textura da tua tez as sombras dos teus contornos, suaves curvas que acaricio como se construísse em ti um novo corpo.
Murmuro-te as sílabas que teu corpo absorve, imprime e exibe, como um livro entreaberto que me apetece desfolhar. Conto-te histórias de encantar, que tomas em teus poemas como pedaços meus que levas. Falo, projectando no vento os sons de uma canção que está por inventar, e tu, dás-lhe a música para quem a quer cantar, encantar.
Dos fios dos teus cabelos escorrem as cores que te dão vida, obra de arte divina, pedra perdida em pleno oceano. Levas tatuada no corpo, a minha voz, e as recordações de um passado misterioso que apenas nós sabemos interpretar, ao ler, directamente da tua alma, os segredos escondidos em tão íntimo momento.
Nasce a obra, inventada entre nós, corpo de mulher, abraço adormecido em meu colo. Homem maduro que te recolhe, te abraça na sombra desta eternidade, que nos absorve as almas e nos faz

um do outro para sempre.

Anjo adormecido

Dormes, sobre o leito dos sonhos, qual anjo caído dos céus. Teu corpo não te pertence, entregaste-lo há muito tempo, partilha-lo com outro homem. Mas, tuas asas são apenas e só tuas. Tua alma voa nos ventos que atravessam o corpo e seguem muito para lá de onde a vista alcança. És uma ave presa numa gaiola imaginária, amarrada a mil teias que te mantêm restringindo-te os movimentos. Por isso quando a Noite vem, despes teu corpo, soltas a alma e segues rumo a mim.
Sentado, na beira do riacho, vejo flutuar em cada folha caída, vidas que passam sem se deter, na corrente do dia-a-dia, espero pela tua vida e deixando-a passar, abrandando-lhe o passo, quero ficar presente mais um instante em ti, quero marcar-te a alma com essências de mim, deixar o meu nome escrito no teu peito, para depois te ver partir. Estranha forma de amar, momento em que te prendo em mim, como quadro eterno de um instante que paramos no tempo, uma pausa, para nos olharmos enquanto a vida passa.
Ao mar chegarás, sereia te farás, e a cada noite virás, à tona, cantar, e olhar a Noite, contemplar o céu, tentando adivinhar qual das estrelas carrega o brilho do meu olhar. E sabes, que ainda que seja apenas um sonho, estarei lá, para te acordar da realidade, quando o momento de sonhar, chegar. E quando o dia te despertar, outro corpo colado ao teu irás encontrar, mas foi comigo que dormiste, todas as noites em que me sentiste.

Sorriso

Vejo no teu rosto a felicidade desenhada na forma de um sorriso intenso que me deixa hipnotizado. A beleza que emanas, a suavidade que imagino ter a tua pele, o carmim dos teus lábios fazem-me ficar aqui, sentado, a olhar-te. Observo-te os movimentos, as ondas que desenhas com o corpo, a suavidade do olhar e a ternura que de ti transborda.

Em teu redor sinto a energia que se solta, um corpo que estremece e uma alma que vibra, és luz, brilho intenso que meu olhar ofusca. Tento encontrar palavras para te dizer, mas apenas encontro o meu olhar no teu, como se fosse íman. Quero dizer-te o que sinto mas teus dedos seguram-me os sentidos e não me permitem soltar as palavras. O tempo parou neste instante e em nossa volta a vida suspendeu-se.

Este instante propalou-se por horas a fio, o reflexo da tua silhueta ficou agarrado à minha mente como se teu corpo estivesse colado ao meu. Confesso-me rendido a teus pés, como um molho de gerberas, ou simplesmente como um corpo que se despe entregando-te a vida.

-Finalmente amor!

Sigo a corrente do teu corpo, como rio que se deixa levar, por entre montes e vales, contornos que me ofereces na nudez pura da tua própria alma. Sigo as letras que escreves, em cartas nunca enviadas, onde o prazer se deita sobre o papel, como corpo despido

sobre o leito. Leio nos teus poemas, as frases de amor que nunca escutei de tua boca. Vejo em teu rosto a alegria que sempre te conheci, mesmo antes de te ver a ti.
Páginas de vida flúem rumo ao mar onde te fazes mulher, sentido intenso, desejo imenso. Aqui sentado na praia da vida, olho o horizonte, onde os sonhos se colam à realidade, onde o mar se encontra com o céu. Sinto na brisa o teu canto, som de uma voz que desconheço, que carrega na melodia as letras que sempre me escreveste.
Tenho saudades do teu beijo, da doçura de uns lábios que não conheço. Tenho saudades da tua letra, impressa nas cartas que nunca me escreveste. Tenho saudades do perfume do teu corpo, que nunca senti como meu. Parece impossível saber, sentir, ou mesmo sonhar como és, sem nunca te ter feito minha, mas a realidade é que muitas vezes o sonho trás a nós as memórias de vidas que já esquecemos.
Espero-te, quando o tempo chegar ao fim, quando o dia houver terminado, quando a vida for capaz de trocar a realidade por um pedaço dos sonhos. Nesse instante, tomar-te-ei em meus braços, afagar-te-ei o cabelo e te direi "-Finalmente amor!"

Sou

Seguro na palma da mão o retrato que a minha memória guarda de ti. Desenho-te sobre o ar vazio, ilumino o teu rosto desconhecido. Encontras-me, mesmo quando não te procuro, quando fico em silêncio, escondido dentro de mim. Sabes-me aqui e isso basta-te, é-te suficiente, equilibra o teu quotidiano com um leve traço de loucura. No meio deste nada, encho-te a alma com sentidos, sentes-me como se fosse real, amas-me como se fosse teu, mesmo sem me tocares.

Pego na tua silhueta e levo-a, voas comigo entre a folhagem alta desta floresta inundada de sonhos, pensas-me real, mas sabes que sou apenas imaginação, algo que se desvanece na plena luz do dia, quando as nuvens toldam o horizonte e fazem do teu dia um pesadelo. Sou o sopro dos teus próprios lábios, o beijo da tua própria boca sobre o teu próprio corpo, sou tu, e sou tão simplesmente nada.

Não me escutas porque nunca ouviste a minha voz, imagina-la como melodia celestial, um toque, uma música. Esperas que chegue montando uma constelação inteira de estrelas, qual príncipe encantado que te rouba às garras do dragão, qual mito encastrado em tua própria alma. Mas afinal, sou apenas um sonho, que noites a fio passa na tela do teu desencanto, uma só melancolia, ou tão-somente um drama no próprio palco da tua vida.

O mundo dos sonhos

Este é o mundo dos sonhos, lugar impregnado de magia onde teu corpo se passeia. Este é o jardim do Olimpo onde qual deusa desfilas em sonhos por mim desenhados. Aqui não há noite nem dia, apenas a tua fantasia. Eu sou apenas a chama que dá luz ao firmamento, a música que se propaga como encantamento.

Neste lugar oculto, onde chegamos depois de cerrar os olhos,

sentem-se por todos os cantos os sentidos, arrepiasse-nos a pele e os cabelos esvoaçam ao vento. As letras são vestidos que te cobrem a pele, as frases são raios de luz que te acariciam. Este é o teu sonho, escrito por mim, em frases carregadas de sentidos, este é o teu mundo, pintado a pincel pelos meus dedos quando te tocam enquanto dormes.
E fico aqui, a olhar-te, como se contemplasse um quadro, vivo, como se assistisse a uma peça de teatro onde já conhecesse todos os personagens. Vejo-te passar, imersa na beleza desse largo vestido branco, em mais um sonho que criei para ti.

Sinto-me só

O escuro é agora o lugar onde me escondo, as sombras são a companhia que me abraça e o silêncio o ombro amigo que me ampara. Não voo já no espaço aberto da Noite, não conduzo na ponta dos dedos os sonhos, não ilumino os céus porque meu olhar perdeu o brilho. Hoje a noite é apenas um espaço entre dois dias.
A ausência de palavras deixa muda a voz que não se propaga, a racionalidade invade o corpo, aprisionando a alma em seu interior, hoje perdi a liberdade de voar, deixei as convicções caírem e os sonhos dormiram e não mais despertaram. Pergunto-me onde estão os sentires, a essência do amor, a paixão dos instantes em que nos oferecemos. Pergunto-me como podemos perder-nos e não mais nos encontrarmos.
Não sei onde estou, perdi a noção de lugar, de tempo, deixei o vazio vestir o meu corpo, deixei a solidão tomar de assalto a minha alma

mergulhando o espírito nas águas gélidas do oceano profundo. Hoje sinto-me só.

Afinal... Amo-te!

Não importa os corpos que tive, as faces que vesti, a cor da minha pele. Não importa os séculos que vivi, as noites em que não dormi, a saudade que senti. Nada importa quando teu corpo aporta o meu. Nada mais importa quando a luz da tua alma faz da minha Noite dia, quando o brilho azul dos teus olhos pinta o meu céu negro.

Amar com a pureza cristalina da água, sentir com a suavidade da seda, é mais que tudo aquilo que possa ter sido, e, se até este instante não sabia interpretar o sentir, daqui por diante não saberei mais o que é não amar assim. Recebo o teu abraço, sinto cada pedaço da tua pele colar-se a mim, as essências de ti penetram-me os sentidos e o meu corpo estremece ao receber-te em mim.

Quero saber, o perfume da tua boca, o sabor da tua pele, o toque do teu olhar em mim. Quero sentir a emoção do teu abraço, apertado, das palavras que em silêncio nos dizemos. Quero provar o teu corpo, vibrar em ti, e olhar o gosto do prazer transbordar de teu olhar. Afinal a alma conduz-nos e a minha alma leva-me a ti. Afinal o amor comanda-nos e o meu coração palpita em teu peito.

Afinal... Amo-te!

António Almas

Nascente

Teu corpo de água quebra a rocha dura da vida e nasce, para um mundo de sonhos e encantamentos. Sou leito que te acolhe, que sente a tua suavidade resvalar sobre a minha pele. Sou caminho que te leva por entre penhascos agrestes e te conduz ao mar tranquilo que te recebe.

Neste caminho ondulante faço-te amor, sob forma de palavras como rio que desce velozmente pela encosta do teu ser. Moldo a tua cintura com as minhas mãos, sinto-te os seios desnudos em meu peito roçar. Sou agora o teu mar, que te acolhe mulher de formas esculturais, num abraço de amor e paixão, num instante de pura e simples ilusão.

Aqueço teu corpo pequeno na imensidão do meu próprio oceano. Salpico com a espuma das ondas o céu escuro desta Noite para que te acompanhe com uma constelação imensa de estrelas, onde as lágrimas que meus olhos não derramam sejam os guias que segues até me encontrares.

Sigo-te, desde que nasces até que adormeces, de menina a mulher, de flor a fruto, num ciclo que não mais tem fim, por entre vidas a fio, descubro-te sempre, em tua própria nascente.

Sei-te

Conheço cada traço de um corpo envolto entre as sombras da luz. Percebo cada reacção inconsciente que ele me revela, quando me olha, quando me sente. Sinto teus seios arrepiarem-se de prazer ao contacto dos rostos, num simples cumprimento. Entendo, como ninguém a química da tua essência. Sei-te de todos os ângulos, sinto-te em todos os tempos e desvelo em ti a magia da luxúria quando estás comigo.

Sei encontrar em ti as fontes que jorram os delírios mais inconfessáveis do teu ser, os sonhos mais loucos, as fantasias mais secretas. És-me translúcida como a água que brota da fonte, como o vento que trepa a montanha, como a luz que corta as gotas de água da chuva num arco-íris de cores. Não preciso nem estar perto, para saber onde estás, não necessito ouvir-te a voz para adivinhar-te as palavras.

Sei onde adormece o teu espírito e onde mora a tua alma, o caminho para o teu jardim secreto. Conheço-te as letras, palavras que formas com os sentidos que agarrar em cada encontro com as minhas frases, com aquilo que te escrevo. Nas mesmas letras fazes novas frases, colhes os sentires, usa-os como alimento e devolve-los em orgasmos cósmicos que aportam em meu corpo distante.

Por isso sei, que agora me estás a ler, que sentes cada instante, que deixas o tempo fluir ao teu redor ficando parada aqui, em mim.

Entre a luz e a sombra

Entre a Noite e o dia, entre a luz e a sombra passeias teu corpo no silêncio das minhas palavras. Olho-te como se te tocasse com a ponta das minhas pestanas, inalo o perfume que se espalha no quarto. Persigo a tua silhueta na penumbra desta magia em tons suaves de prazer. Danças num ritmo sensual, como se caminhasses ao meu encontro, sem nunca me tocar, mas envolvendo-me em teu corpo.

O Sol da tarde penetra pela janela, na nuvem de incenso queimado deste lugar paradisíaco. Tu, qual Deusa Grega, velas pelo meu corpo perdido nos lençóis de tua cama. Depois do prazer, apenas os murmúrios de uma música distante invadem o sonho quem me ofereceste. Vejo teu rosto, sinto teus lábios sobre os meus, pareces a realidade aqui mesmo, a um milímetro de mim.

Fico contigo, perdido no tempo, perdido num lugar qualquer do firmamento, agora que a Noite toma conta da escuridão e num abraço eterno nossos corpos se tomam nos braços um do outro. Na eternidade do momento somos amantes etéreos para sempre unidos no abraço que nos demos.

Centelha

Desfaço o corpo em mil centelhas, percorro os céus na noite escura, como resquícios de um cometa perdido nos tempos imensos do Universo. Encontro-te, Vénus, desnuda, só, vazia de esperanças, envolta em pesadelos tenebrosos. Desço em espiral, na

perseguição da tua alma. Abraço-te o corpo num turbilhão de luz, apagando as sombras e oferecendo-te os sonhos.
O meu corpo cola-se ao teu, num encaixe perfeito, matéria sobre matéria, sentido sobre sentido. Encontramos a harmonia, sintonia que nos une num pretérito mais que perfeito, olhando para um futuro luminoso, onde os sonhos são a mais pura realização do presente.
O tempo não passa porque o seguramos entre os dedos que se enlaçam na ânsia de se não perderem os corpos.
A chama que nos aquece é fogo ancestral que em nós flutua, aquecendo em nosso peito o ar que respiramos, o prazer que sentimos quando estamos unidos. Duas almas em um só corpo, os desejos que se mesclam e as tuas mãos, que são as minhas, acariciando o meu corpo que é o teu, em instantes de luxúria, em momentos de loucura.
Quanto o dia amanhece, resta ainda em teu olhar um brilho que resplandece.
Uma centelha que brilha, uma réstia do meu corpo que em ti ficou.

Miragem

É na luz do dia que as curvas do teu corpo ganham forma, como se no branco da tela se revelasse o negro do carvão em tons suaves de pastel. Hoje és apenas uma miragem, não existes, apenas te invento no Inverno da minha alma. Ontem foste quase realidade que toquei com as pontas dos dedos sem ser capaz de te possuir. O corpo, reflexo visível do cárcere da alma é em ti jardim de um paraíso perdido atrás nos tempos.

Deslizo sobre o papel imaculadamente branco, os dedos mascarrados de sombras, adivinho neles uma pele que nasce ali, em curvas perfeitas, em traços suaves, criando formas que sei não existirem, mas que acredito poder sentir. É assim, neste mundo de fabulosas ilusões que te recrio, dia após dia, noite após noite, como se o tempo não passasse de um círculo fechado onde tudo começa onde tudo o resto acabou.
Esvaio as palavras em frases cheias de nadas, completadas pelo silêncio suave que se impõe quando percorremos sozinhos e descalços o deserto da nossa própria solidão, envoltos num mar de gente que nos é completamente indiferente. Sossega-se a dor com um cálice de água cristalina, gelada e fria que invade as entranhas como fogo que derrete o gelo.

Eterno abraço

Sigo o caminho das tuas pegadas, perseguindo o perfume do teu corpo. Encontro-te só, no meio da Noite, perdida, despida de esperanças, qual anjo adormecido. Sussurro-te ao ouvido palavras de amor, sonhos encantados com os quais gostávamos de sonhar. Toco, singelamente a pele do teu ombro e desperto-te num sorriso imenso que trás luz à própria escuridão.
Penduro em teu dorso as asas que havias esquecido junto de mim, em nosso último encontro, em nossa última Noite de amor. Devolvo sentidos à nossa pele e direcção aos sonhos que fazem a vida sorrir-nos nos lábios. A Noite polvilha-se de estrelas e neste firmamento mágico derramam-se fogo de artifício que comemoram o

regresso de algo que nunca esteve ausente, o nosso amor.

É já madrugada quando, depois do amor, te deixas ficar agarrada a mim, adormecendo para um novo sonho, cheio de esperança, sorrisos e amor, para me dares, para receberes de meus lábios os beijos doces que te dou.

Regressei, sem nunca haver partido, vieste, sem nunca teres ido embora. Unimo-nos num eterno abraço.

Fogo do silêncio

O fogo do silêncio adormece no teu peito como pluma que perde as asas por falta de vento. És deusa adormecida entre as pausas da vida, eu vento que te trás as asas dos sonhos. A alma solta-se em passos de dança, num ritmo lento e belo, colhes meu corpo como espiga dormente e levas-me como se fosses tu o próprio vento.

Este bailado propaga-se nos céus da Noite, como uma galáxia que gira sobre si mesma. Em baixo a Terra guarda-nos os corpos abandonados à própria vida, enquanto aqui, neste lugar mágico, jardim secreto, seguimos os passos um do outro numa harmonia perfeita. Almas de pássaros que flutuam no vazio dos sonhos, entre estrelas distantes e paixões ardentes.

Teu corpo dolente não toma consciência da azáfama de tua alma, teu rosto triste não compreende a alegria do teu espírito, e neste contra-senso contorce-se como se atravessasse um pesadelo. A Noite alonga-se até ao raiar do dia, deixando a alma plena e teu corpo exausto. Retiro-me para repousar em minha ceara, e tu despertas para a vida.

António Almas

Meu corpo teu

Prelúdio de um instante, segundo antes do teu olhar, sonho, mesmo antes de acordar. És tu, que, como fonte de água viva, brotas do seio da Terra virgem, imaculada e fresca, matas-me a sede, que a boca quente ansiava por ter. És, luz terna, amante eterna que o corpo quer vestir. Puro o teu sentir, leve o espírito que esvoaça na Noite escura.

Corpo do meu texto, livro aberto onde te descrevo. Fôlego que me invade de oxigénio, levito, pairo como ave suspensa sobre o firmamento, brilho de estrela, lamento. Silêncio que veste o teu corpo, nu, que aqueço em mim, retrato desenhado da tua pele, ou, simples saudade que a palavra descreve. Distância que te trás perto, lugar estreito, frémito que se propaga pelo Universo.

Final, antecipadamente anunciado, abraço, apertado. Neste lusco-fusco, neste quarto, onde todas as noites somos sonhados, jardim, perfumado de essências, lugar sagrado. Esta Noite sou um cântico, voz dos poetas, musica celeste que em teus sentidos remexe. Quebro o silêncio, invado-te com mil palavras, trazendo a luz, criando as sobras que detrás de ti se escondem. Tu és o livro que a cada dia escrevo, encho de palavras e sentidos, toco como se fosse meu corpo teu.

Mar vazio

Na magia dos dedos, nascem silêncios, pausas, lamentos que trespassam o céu azul e a Noite escura, adormecendo no horizonte sobre as águas do mar. Cresce na brisa, voa na ventania, corre veloz em plena tempestade, como sinal, completa catástrofe. Ouve-se no vazio um som, um grito abafado, uma voz rouca que chora, um pranto amplamente calado.

Perde-se no oceano profundo, afogando a esperança consigo, levando na alma a dor que rasga o peito e mil tormentos. Sente na pele arrepios, na boca amargo fel degusta, mas lá fundo no meio do mar, encontrará o seu tão desejado lugar. Adormecer de olhos aberto, como se sonhasse dormida, deixa-se ficar em sua concha de cristal.

O horizonte adormecido sobre as águas desse mar tranquilo, espera tarde após tarde, que regresse, que venha beijar o seu céu, que venha iluminar sua noite, com mais uma estrela que brilhe no firmamento. No silêncio que invade o ar, sente-se a saudade do seu cantar.

Amor num acto só

Tatuo teu corpo a letras de fogo. Prazer imolado em frases. Sentidos despertos que sublimam a libido num instante em que os corpos distantes se unem no infinito. Devoramos metáforas em doses maciças, incenso disperso pelo quarto que nos acolhe. Gemidos que se calam nas palavras que os desnudam, como senso último de todo o desejo.

Tango a dois corpos dançado, musica que embala o destino, cortando o vazio que à volta se condensa, como gotas do suor derramado pelo êxtase dos silêncios consumados. Meus braços sujeitam teu corpo desnudo conta o meu, teus cabelos feitos de ventos soprados, passeiam-se pelo espaço como galáxias, e o brilho dos olhos que vejo, são sois que os meus guiam neste bailado perfeito.

Colho os pedaços da alma, como átomos dispersos do teu ser, que moldo em flor de luz e prazer. Ensaio as letras que cantam as músicas nos ritmos que os corpos deixam quando as forças jamais os sujeitam. E ali, perdidos no meio do palco, actores deste belo acto, deixamos abandonados à ausência de público, os corpos, trajes despidos das almas, que partiram para lá de eternidade.

Paraíso perdido

Procuras em mim o paraíso perdido, qual Eva prestes a comer da maçã do pecado, procurando nela a salvação desejada. Teu corpo desnudo transborda o rio de prazer que sentes em mim, como se fosse meu o teu fogo como se fosses tu o meu lume. Sinto o calor da tua pele que irradia por todo o Universo, como um Sol que não brilha mas queima, como brasa adormecida entre cinzas.

Tua alma brilhante, trespassa a escuridão do quarto, cruzando céus escuros, atravessando gotas de chuva, desfazendo-se num arco-íris multicolor. Deixas a minha Noite iluminada com a aurora boreal, luz dos sonhos que em mim acordas, brilho distante do teu olhar

profundo. Teu sorriso desenha o teu rosto, centro da alegria com que me recebes entre os braços que me envolvem.
Entre os passos perdidos no quarto que habitas, na longa espera, deixas perfumes de incenso no ar, inebriando-me ao chegar. E recebes-me de corpo aberto, deixando-me entrar em ti, com o prazer do meu corpo e o fogo do meu espírito que te consome ardentemente pela noite dentro.

Imaginação

És paisagem suave que em meus olhos entra, ténue colina que teu corpo desenha nas curvas duma pele suave que brilha. És silêncio, calmaria e porto que me abriga, lugar secreto onde meu corpo se entrega, se amarra em teu prazer e teu desejo. És abraço que me aperta a alma, fundindo-a na tua, lugar comum entre mundos dispersos, distantes, contudo tão perto.
És miragem que aos olhos se ilumina, febre que este calor intenso domina. És sede, loucura e desejo, que apenas minha mente se atreve a desenhar, és tudo e afinal não és absolutamente nada. Utopia imaginada sobre o papel, lugar doce ou mel, que jorra de teus lábios de mulher. Luxúria, puro devaneio que em meu âmago transporto como se realmente fosses minha.
Não passas do horizonte longínquo onde nunca vou chegar, mera paisagem para me deliciar, ficar aqui, apenas a olhar. És fruto da minha imaginação, risco de carvão em minha tela, pureza inventada do quase nada. És o meu olhar que te encontra o corpo em qualquer protuberância.

Universo

Surges das sombras, como reflexo do teu próprio corpo desnudo. Vens, em gestos lentos como a brisa de um sopro de vento. O perfume da tua pele precede-te, como prelúdio de um instante que está para chegar. O fogo da tua alma incendeia o ar que se aquece em ti. A música geme a tua voz que se abraça com as notas fazendo a letra gritar mais alto que o próprio prazer.
Eu, espectador deste momento, quedo-me sentado, esperando pelo meu tempo. Deixo o meu olhar deslizar por todo o teu perfil, com um suave traço de contorno, um risco imaginário com a ponta dos dedos. Apuro os sentidos, retirando ao brilho que ofusca o olhar o calor que me aquece a pele. Inalo-te, em cada inspiração, como se te houvesses dissolvido na atmosfera.
Quando os corpos se encontram, o Universo recomeça com uma explosão de energias que iluminam o infinito vazio de cor. O tempo começa do zero, como se antes não existisse um único segundo. As bocas calam-se num beijo longo e no olhar nascem as primeiras galáxias, remoinhos de prazer que rodopiam no espaço.

Parar

Parar, ficar calado, quieto. Deixar o silêncio amadurecer tudo aquilo que disse, que escrevi. Deixar as palavras ganharem saudades de mim, de ti.
Parar, deixar os dedos repousar sobre as folhas de papel gastas. Parar de olhar, de olhos fechados, deixar de sentir na escuridão da

Noite. Simplesmente parar, para respirar.

Parar de ouvir, por entre o ruído do dia, na calada da Noite, as vozes que choram e sonham com paradigmas perdidos. Parar para pensar, deixar de sonhar.

Parar no meio da rua, sem temer o atropelo das massas, parar entre as árvores do jardim, para apreciar a natureza, a realidade que ali se me apresenta.

Vou guardar as palavras que ainda sobram, acomodá-las no baú da minha alma, onde guardarão a saudade, o sonho e a utopia envoltas em papéis envelhecidos.

Vou deixar o corpo seguir nas ondas da vida, entregue às correntes deste oceano de gentes que flúi de um lado a outro sem saber para onde vai.

Vou depositar os sonhos, num barco de papel, rumo a lado nenhum, esperando que a fraca consistência da embarcação, não os faça soçobrar.

Ventos na sombra

Ventos na sombra empurram a luz,
Suaves segredos que teu corpo seduz.
Momentos, instantes de puro prazer,
Vontade, desejo de apenas te ter.

Dançam os corpos na Noite vazia,
Silêncios despidos que a alma temia.
Passos certeiros de meu corpo se elevam,
Entregues a ti quando minhas mãos te levam.

Gritos contidos envoltos em magia,
Almas perdidas que a Noite vigia.
Formas diversas se agitam no ar,
Ondas imensas se levantam no mar.

No instante mais longo do tempo,
Minha vida te entrego num simples lamento.
Abraças o corpo que em ti se abandona,
Mulher, menina ou simples amazona.

Biografia

Nascido em Évora no ano de 1969, António Almas, revelou desde tenra idade o gosto pela leitura. Com particular interesse pela ficção e o ensaio, encontrou nos livros de Carl Sagan, H.G. Well, Isaac Asimov o fascínio pela ciência e pelo fantástico. Sempre envolvido em vários projectos na área do associativismo juvenil, a literatura acompanhou a sua caminhada, fazendo a ponte entre a azáfama do quotidiano e a tranquilidade do repouso. Em 1990 foi professor na EPRAL de Vila Viçosa, terra onde sempre residiu, e onde em conjunto com outros colegas leccionou disciplinas de um Curso de Bibliotecários, Arquivistas e Documentalistas. Mais tarde foi presidente da Biblioteca Florbela Espanca.

A par do gosto pela leitura, o desenho eram também uma paixão que ganhou asas em 2006 quando decidiu lançar-se na criação de um conjunto de quadros de nus femininos a que chamou "Colecção Vénus" e que desde então tem percorrido o país em exposições, alguns destes quadros servem de ilustrações e capa para este trabalho.

Em finais de 1999, decidiu começar a escrever alguns apontamentos, ideias e sensações que lhe despertavam os diversos temas, como a religião, o amor, ou os mitos urbanos. Esse caderno, chamado "Nós os marcianos", é hoje uma referência não publicada do início da sua escrita. Mas não seria no campo do realismo que viria a entregar as letras, a metáfora e a fantasia aliada aos sonhos abriram-lhe a porta para mundos criados por si, imagens e sabores, sentidos e emoções.

2005 marca o inicio de uma nova aventura, com a criação de um blogue. Nesse espaço nasceu um diário que aos poucos foi construindo, embalado pela paixão, escrevia, a coberto de um certo anonimato para alguém que, na maioria das vezes, não o lia. Texto após texto, criou um espaço que era visitado por vários leitores que o incentivavam também a escrever. Em Março de 2006, após várias alterações na sua vida sentimental, terminou a escrita no blogue, compilando todos os textos que ficaram literalmente fechados numa gaveta.

Vários anos depois, decidiu enviar o que havia escrito para uma editora, e nasce o primeiro livro "Diário dos Sonhos", publicado pela Edium Editores em Julho de 2009. Na sequência de uma aposta concretizada lança-se num novo projecto que denominou de "Reflexos d'Alma" que agora edita.

www.ingramcontent.com/pod-product-compliance
Lightning Source LLC
Chambersburg PA
CBHW071417090426
42737CB00011B/1498
9789899680807